Frederick Soddy

Il ruolo del denaro

*Ciò che dovrebbe essere, in contrasto
con ciò che è diventato*

ØMNIA VERITAS.

Frederick Soddy
(1877-1956)

Chimico inglese e destinatario
Premio Nobel per la Chimica 1921

Il ruolo del denaro
Ciò che dovrebbe essere, in contrasto con ciò che è diventato

THE ROLE OF MONEY
What it should be contrasted with what it has become

Prima edizione, Londra: George Routledge & Sons Ltd, 1934

Tradotto e pubblicato da
Omnia Veritas Ltd

⊘MNIA VERITAS®
www.omnia-veritas.com

© Omnia Veritas Ltd – 2025

PREFAZIONE **13**
CAPITOLO I **15**

LO SFONDO FILOSOFICO - L'ERGOSOFIA 15

    L'obiettivo 15
    Il sistema monetario è obsoleto 15
    Il punto di vista della comunità 17
    Importanza sociale dell'energia 18
    Teoria energetica della ricchezza 19
    Ergosofia 20
    Ricchezza e calorie 22
    Il marxismo è obsoleto 22
    Relazioni tra popoli e governi 23
    Interpretazione fisica della storia 24
    La verità sul "materialismo" 25
    L'origine fisica del "progresso" 26
    La dottrina della lotta 27
    Guerre moderne e debiti nazionali 29
    Le vere lotte 29
    Il tabù dell'economia scientifica 30
    Guerre e rivoluzioni derivano dalla ricchezza 31
    Il sistema monetario ostacola il flusso 33

CAPITOLO II **35**

LA TEORIA DEL DENARO - LA RICCHEZZA VIRTUALE 35

    Che cos'è il denaro? 35
    Baratto e monete di scambio 37
    Carta moneta 38
    "Banca-Credito" 40
    La questione privata del denaro 41
    Politica monetaria 42
    Cosa dà valore al denaro 43
    Due principi monetari fondamentali 45
    Ricchezza virtuale 46
    Il credito della Comunità 46
    Il credito monetario è una tassa 47
    Denaro "sostenuto" 49
    Il denaro come pretesa per ciò che non esiste 50
    Il livello dei prezzi 51
    Il denaro dal punto di vista dell'emittente 52
    Il denaro non è più un gettone tangibile 54
    Passaggio dal baratto al credito-denaro 55
    Il passo falso 57

Perché era falso? 58

Il banchiere come sovrano 59

I profitti dell'emissione di denaro 60

Denaro indistruttibile senza espropriazione 61

CAPITOLO III **64**

L'EVOLUZIONE DELLA MONETA MODERNA 64

L'origine dell'assegno 64

Regolamentazione governativa del settore bancario 66

Prestito di libretti per assegni 68

Prestiti veri e fittizi 69

Depositi in conto corrente 70

Perché la moneta-assegno è preferibile ai gettoni 71

Lo standard d'oro 72

La procedura corretta 73

Il ciclo del credito o del commercio 75

Come vengono distribuite le perdite 79

Terminologia monetaria fraudolenta 80

Lo scarico dell'oro 81

La connivenza del governo 82

Il Comitato Cunliffe 83

Deflazione 85

Il ritorno all'oro 86

Tradimento vero e proprio 87

La legge del 1928 87

Che cos'è il denaro genuino oggi? 88

CAPITOLO IV **90**

IL DENARO COME È ORA 90

Illusioni monetarie 90

Una distinzione senza differenza 91

L'interesse acquisito nella creazione di denaro 93

Operazioni di mercato aperto 94

Contanti (!) 94

Le banche ora creano denaro per spenderlo da sole 96

Il banchiere come esattore delle tasse 97

Lo spratto per pescare uno sgombro 99

Le banche non danno alcuna sicurezza 100

L'elemento tempo del denaro 100

La circolazione del denaro 101

Il valore del denaro o il livello dei prezzi 103

Alcuni fattori monetari 104

Una moneta di grano 106
Economizzare nell'uso del denaro ora fallace 107
Gettoni di denaro o credito di libro? 109
Il prestito di denaro dovrebbe essere consentito? 111
Assurdità fisica dei prestiti a breve termine 112
Conti correnti e depositi vincolati 113
Come il banchiere evita la propria trappola 114

CAPITOLO V **116**

RELAZIONI ECONOMICHE INTERNAZIONALI 116

Il denaro cattivo ingloba le nazioni 116
Banche internazionali 117
Denaro a chiamata e a breve termine 118
Come il banchiere internazionale governa il mondo 119
Il denaro è debito nazionale e non internazionale 120
Gli importatori pagano gli esportatori della propria nazione 122
La bilancia commerciale 123
Effetto dei prestiti e dei rimborsi 124
Gli scambi con l'estero 125
Lo standard aureo trascina tutte le nazioni al livello più basso 127
Effetto della liberalizzazione delle borse estere 129
Uso corretto dell'oro 131

CAPITOLO VI **132**

REQUISITI FISICI DI UN SISTEMA MONETARIO 132

Il denaro nella nuova economia 132
Ora non c'è carenza di ricchezza 133
Motivo 134
La ricchezza esistente 135
Consumo per la produzione e per il tempo libero 136
Ricchezza consumabile e capitale 137
Debiti in conto capitale non rimborsabili 139
Considerazioni sull'energia 139
Capitale produttivo non distribuibile 141
Il capitale sotto il comunismo e l'individualismo 142
Tutti i costi di produzione sono distribuiti ai consumatori 144
Produzione per i consumatori 145
Produzione per produttori 146
L'accumulo di debiti 147
Soluzione del problema della disoccupazione 147
Costo di incremento della produzione non rimborsabile 148
Scambio di proprietari in contrasto con la creazione di ricchezza 149

La quantità di denaro non può essere calcolata 150
L'indice dei prezzi determina la quantità di moneta 151
Gli sprechi della distribuzione 153
Il ruolo del denaro riassunto 153

CAPITOLO VII **155**

DEBITI E RISCATTO DEI DEBITI 155

L'era del potere più che delle macchine 155
Denaro Non Rimborsabile Debito Nazionale 157
Debiti di capitale non rimborsabili. " Risparmio " Convenzionale 158
Necessità di un indice dei prezzi costante 159
Come ne beneficeranno i lavoratori 160
Regolazione della moneta in base all'indice dei prezzi 162
Un semplice indice dei prezzi 163
L'Ufficio statistico 164
Una zecca ricostituita 165
Critiche alle proposte di nazionalizzazione delle banche". 166
Prevenire è meglio che curare 167
Interessi sui debiti 168
Se l'incremento è in avanti, allora il decremento è all'indietro. 169
Legge sugli interessi di Paterson che sconta il capitale 170
Tabella degli interessi semplici (nuova legge) per 100 sterline di capitale
.... 172
Le idee di Gesell sulla creazione del denaro stesso si svalutano 173
Obiezioni 174
La possibilità di abbassare arbitrariamente i tassi di interesse 175
Il probabile effetto dell'aumento dell'indebitamento di capitale 176
Rimborso diretto del debito tramite tassazione 177
La nazionalizzazione del capitale è il " risparmio " nazionale 179

CAPITOLO VIII **181**

LA SITUAZIONE PRATICA 181

La Nuova o la Vecchia Economia è al contrario? 181
L'abbondanza prima di tutto, la ripartizione in secondo luogo 182
L'atteggiamento del pubblico nei confronti dei costi 183
L'interferenza del governo nell'economia non è utile 185
Una progressiva evoluzione dell'industria 186
Prima la riforma monetaria 187
Il sistema esistente ai margini di un dilemma 189
La necessità economica delle frontiere 190
Scambi liberi significa commercio libero 192
Compromesso difficilmente realizzabile 192

CAPITOLO IX **194**

ONESTÀ LA MIGLIORE POLITICA MONETARIA.. 194

I segni di una nuova verità 194
La riforma monetaria inizia in casa. Il piano degli Stati Uniti.................. 197
Sinossi dei principi della riforma.. 199
Liberare gli scambi 201
La vera dittatura universale 202
Riciclare per meglio asciugare... 204
Cosa è lecito creare: ricchezza o denaro?.................................... 205
La via britannica... 206
Il vero antagonista 208
ENVOI... 208

BIBLIOGRAFIA **209**
ALTRI TITOLI..**213**

PREFAZIONE

Questo libro cerca di chiarire il mistero del denaro nel suo aspetto sociale. Con il sistema monetario di tutto il mondo nel caos, questo mistero non è mai stato così accuratamente alimentato come oggi. E ciò è tanto più curioso in quanto non c'è la minima ragione per questo mistero. Questo libro mostrerà cos'è oggi il denaro, cosa fa e cosa dovrebbe fare. Da questo emergerà il riconoscimento di quello che è sempre stato il vero ruolo del denaro. Il punto di vista da cui sono scritti la maggior parte dei libri sul denaro moderno è stato ribaltato. In questo libro l'argomento non è trattato dal punto di vista dei banchieri - come vengono chiamati coloro che creano di gran lunga la maggior parte del denaro - ma da quello del PUBBLICO, che attualmente deve cedere beni e servizi preziosi ai banchieri in cambio del denaro che essi hanno abilmente creato e creano. Questo è sicuramente ciò che il pubblico vuole veramente sapere sul denaro.

Ad Atene e Sparta, dieci secoli prima della nascita di Cristo, si riconosceva che una delle prerogative più vitali dello Stato era il diritto esclusivo di emettere moneta. È curioso che la qualità unica di questa prerogativa venga riscoperta solo ora. Il "potere del denaro", che è stato in grado di mettere in ombra un governo apparentemente responsabile, non è il potere di un semplice ultraricco, ma è niente di più e niente di meno che una nuova tecnica progettata per creare e distruggere denaro aggiungendo e togliendo cifre nei libri contabili delle banche, senza la minima preoccupazione per gli interessi della comunità o per il vero ruolo che il denaro dovrebbe svolgere in essa.

I più profondi studiosi del denaro e, più recentemente, pochi storici hanno compreso l'enorme significato di questo potere o tecnica monetaria e la sua posizione chiave nel plasmare il corso degli eventi mondiali attraverso i secoli. In questo libro il modo di approccio e la filosofia del denaro vengono esposti alla luce di un gruppo di nuove dottrine, a cui viene dato collettivamente il nome di *ergosofia*, che considerano l'economia, la sociologia e la storia con l'occhio dell'ingegnere piuttosto che con quello dell'umanista. Non si occupa tanto dei dettagli di particolari schemi di riforma monetaria che sono stati sostenuti, quanto dei principi generali ai quali, secondo l'autore, ogni sistema monetario deve finalmente conformarsi, se vuole adempiere al suo giusto ruolo di meccanismo distributivo della società. Permettere che diventi una fonte di guadagno per gli emittenti privati significa creare, in primo luogo, un braccio segreto e illecito del governo e, infine, un potere rivale abbastanza forte da rovesciare tutte le altre forme di governo.

CAPITOLO I

LO SFONDO FILOSOFICO - ERGOSOFIA

L'obiettivo

Sono passati circa sedici anni dalla conclusione del grande evento che ha mostrato a tutti l'uomo e i suoi aspiranti governanti e mentori impotenti nella morsa delle forze che i loro tecnologi avevano incatenato con sicurezza, ma che la guerra aveva liberato. Nella coscienza generale c'è la netta consapevolezza che questa generazione sta assistendo alla vera e propria nascita di una nuova era dettata dal progresso della scienza fisica, piuttosto che da coloro che finora sono stati i più accesi nei dibattiti o i più in vista nei tentativi di direzione degli affari. Cresce l'esasperazione per il fatto che un'epoca così splendida e piena della più nobile promessa di vita generosa sia in mani così poco informate e incompetenti.

Il sistema monetario è obsoleto

Dappertutto si sta facendo strada la consapevolezza che quest'epoca contiene elementi che non sono compresi o contenuti nelle regole di funzionamento dei vecchi sistemi di governo, di economia, di sociologia e persino di religione, e che è dovuta a nuovi principi che devono essere introdotti nella base e che non possono in alcun modo essere soddisfatti da un cambiamento nella sovrastruttura della società. Ancora più notevole, quasi incredibile per coloro che finora erano voci perse che gridavano nel deserto, è il rapido aumento del consenso sul fatto che il sistema monetario, obsoleto e pericoloso, è il primo colpevole. È questo corpo di regole e convenzioni del tutto empirico e disfattista, che è cresciuto insieme all'espansione scientifica dei mezzi di vita, a essere responsabile non solo dell'attuale paralisi, ma anche della stessa Grande Guerra. Tutti sono d'accordo sul fatto che, almeno in questo caso, il cambiamento è inevitabile; l'unico dubbio è se una parte del sistema, che per mancanza di immaginazione su ciò che avrebbe potuto essere, è ancora in grado di essere descritto come "funzionante in passato", possa sopravvivere in futuro.

Il presente libro non può quindi non essere di fondamentale importanza, se riuscirà a occupare il suo posto nella New World Series, che non è altro che una guida e una lampada per coloro che il destino sceglierà per essere i nuovi leader dei grandi, anche se non necessariamente violenti, cambiamenti che sono alle porte. Quando la guerra ha imposto all'attenzione di tutti i gravi pericoli che circondano una civiltà scientifica, per l'immensità stessa dei poteri distruttivi che la scienza ha messo nelle mani delle nazioni. Pensando ancora solo in termini di forza bruta, lo scrittore intraprese un esame originale dei reali fondamenti fisici delle convenzioni e delle mezze verità che passano per economia, e in particolare di quelli che stanno alla base del meccanismo di distribuzione, che è, in una civiltà monetaria, il sistema monetario. La sua conclusione più significativa, dalla quale gli eventi successivi non gli hanno dato motivo di recedere, - anzi è ormai un'ovvietà - è che non si potrà fare nulla di utile se e finché un sistema monetario scientifico non prenderà il posto di quello che ora si sta sempre rompendo.

Il corollario, tuttavia, non sarà mai popolare almeno tra i nostri politici di professione. Il corollario è che, se si facesse una cosa del genere, sarebbe necessario poco altro per quanto riguarda l'interferenza arbitraria e il controllo governativo sulle attività essenziali degli uomini nel perseguimento dei loro mezzi di sostentamento. Infatti, proprio come oggi nessuno su mille capisce perché il sistema monetario esistente ha un tale potere di danneggiarlo, così, se venisse corretto come qui descritto, nessuno su mille avrebbe bisogno di sapere o, addirittura, saprebbe, se non dalle conseguenze, che è stato corretto o come è stato corretto. Lo scopo di questo libro è infatti quello di mostrare come il sistema monetario possa essere ridotto esattamente allo stesso sistema di pesi e misure standard.

Il punto di vista della comunità

Sarà necessario approfondire la combinazione di circostanze che rendono questi argomenti così vitali per la salute sociale ed economica della comunità e così completamente al di fuori dei modi di pensare che appartengono all'individuo e lo guidano nei suoi affari privati. Gran parte della difficoltà è ovviamente dovuta all'uso deliberato di termini comuni in sensi del tutto nuovi e spesso opposti a quelli normalmente intesi, come ad esempio *contante* e *credito*. Molto è dovuto anche al fraintendimento di ciò che indubbiamente costituisce ricchezza per un individuo, quando non è in questione l'individuo ma la comunità. Per questo motivo, lo studio tecnico del denaro richiede una particolare capacità di generalizzazione e spesso, anzi, la completa inversione delle idee che riguardano l'individuo. Questi fattori sono stati purtroppo completamente assenti non solo dalla cosiddetta scienza monetaria, ma in misura uguale e ancora più importante dai sistemi fondamentali dell'economia ortodossa a cui la scienza monetaria appartiene.

Ora, a causa dei tempi difficili in cui viviamo, da un certo numero di radici indipendenti e a prima vista non collegate tra loro, è cresciuto un gruppo di dottrine che possono essere ampiamente descritte come l'applicazione dei principi delle scienze del mondo materiale, fisica e chimica, all'economia e alla sociologia. Esse hanno una caratteristica comune: sono tutte dovute al pensiero originale di uomini di scienza - principalmente ingegneri e scienziati fisici - più interessati e abituati a pensare in termini di realtà fisiche che di convenzioni sociali o legali, e non interessati affatto ai problemi e alle controversie dell'economia individuale o di classe, ma al significato di ampi principi generali e del tutto ineludibili, in particolare i principi dell'energia, per quanto riguarda il benessere di intere comunità, influenzato dalla produzione e dalla distribuzione della ricchezza.

Importanza sociale dell'energia

Almeno secondo l'autore, questo nuovo sviluppo promette di avere un'importanza molto più definitiva e permanente per la scienza del benessere umano rispetto alla precedente incursione della biologia nel secolo scorso, che ha portato alla dottrina dell'evoluzione. Questo perché impone un quadro rigido di leggi fisiche fondamentali, applicabili sia agli uomini che alle macchine, in cui non c'è nulla di controverso. La critica a tale modalità di approccio alle questioni sociologiche sarebbe stata che gli uomini non sono macchine e che in economia, come nella sua suddivisione, il denaro, i fattori e le considerazioni psicologiche hanno almeno la stessa importanza, se non addirittura maggiore, dei fattori puramente fisici.

Ma questa argomentazione, a meno che non postuli francamente una fede nei miracoli fisici - nel potere della mente umana di creare, se lo vuole, $2\ 2 + = 5$ - qualunque cosa possa essere stata un tempo, è oggi ampiamente superata dall'estensione delle scienze esatte in questi campi. Non c'è, non c'è mai stata e forse non ci sarà mai una sorta di uguaglianza di importanza tra il fisico e lo psicologico. Nella sfera della distribuzione, per esempio, o del denaro come meccanismo di distribuzione, tutto ciò che la psicologia può fare - e lo stesso vale per la "banca" così come è diventata - è rubare a Pietro per pagare a Paolo.

Teoria energetica della ricchezza

Uno dei principali contributi di queste dottrine è una teoria energetica coerente della ricchezza e la netta distinzione che ne deriva tra ricchezza e proprietà di un debito. Questo rivela molto di incontrovertibile riguardo alla minaccia di collasso della civiltà scientifica moderna, per darle il nome proprio, anche se di solito viene chiamata impropriamente civiltà capitalistica. È vero che il "Capitale", nel suo senso propriamente fisico, è la sua caratteristica superficiale più distintiva. Ma in questo senso il capitale è il prodotto non consumabile del consumo o del dispendio irrevocabile di ricchezza necessario per preparare e rendere possibili i nuovi metodi di produzione. Grazie ai moderni metodi di produzione di energia, ne è necessario molto di più che con i vecchi metodi. Inoltre, può essere scambiabile con nuova ricchezza, ma non è trasformabile in essa. Dal punto di vista della comunità di il capitale appare come debito piuttosto che come ricchezza.

L'economia ortodossa non è mai stata altro che l'economia di classe dei proprietari di debiti. Se i suoi autori hanno mai tentato applicazioni sociali più ampie, si sono resi semplicemente ridicoli, come quando si aspettava solennemente che il millennio arrivasse grazie all'accumulo di così tanto capitale che tutti sarebbero stati benestanti e agiati, presumibilmente vivendo degli interessi dei loro debiti reciproci. Nella sfera del commercio internazionale, fino a molto tempo dopo la guerra, il dettame secondo cui una continua bilancia commerciale favorevole era essenziale per l'esistenza delle nazioni forti implicava la continuazione di bilanci sfavorevoli per le nazioni deboli. Si affermava che il Paese rischiava la catastrofe se non fosse riuscito a mantenere il precedente tasso di investimenti all'estero, restituendo all'estero tutto ciò che riceveva a titolo di interessi e fondi di ammortamento per gli investimenti passati, e se possibile anche di più. Queste sono buone illustrazioni della visione debitoria della ricchezza e della sostituzione delle convenzioni sociali e legali alla realtà fisica.

Ergosofia

È opportuno dare un nome al gruppo di dottrine interconnesse, ma più o meno indipendenti, che rientrano in termini come Cartesiana, Fisica o Nuova Economia, Energetica Sociale, Età dell'Abbondanza e Tecnocrazia, comprese le implicazioni di queste dottrine, per quanto riguarda i problemi della distribuzione e la nuova filosofia del denaro, di cui questo libro si occupa più particolarmente. A questo scopo verrà utilizzato un nuovo termine, Ergosofia. Significa la saggezza del lavoro, dell'energia o del potere, in senso puramente fisico. Le attività mentali o intellettuali, a cui questi tre termini sono spesso applicati in modo approssimativo, sono meglio indicate come sforzo, diligenza o attenzione.

Ci sono molte ragioni che rendono auspicabile una nuova parola o un nuovo termine. Finora non c'è stata una vera e propria filosofia sociale che sia scaturita interamente dalle leggi universalmente rispettate del mondo fisico. D'altra parte, fin dai tempi più remoti, la tecnologia è stata troppo spesso considerata una sorta di schiavo o di servo di filosofie e religioni umane verbose, pretenziose e impressionistiche. In effetti, non sarebbe certo una caricatura della civiltà, così come si è evoluta finora, descriverla come se avesse cercato di compensare l'ingiustizia di attribuire a Dio le cose che sono della scienza rendendo a Cesare le cose che sono di Dio. La tecnocrazia, almeno in una delle sue fonti di ispirazione, il suggerimento di Thorstein Veblen di istituire un soviet di tecnici per assumere il controllo del mondo, è probabilmente una delle prime avvisaglie collettive di questo traviamento. Finché ci saranno persone semplici che mostrano una patetica acquiescenza alla pietà che rende grazie per tutte le cose buone della vita e le attribuisce alla generosità della Provvidenza, insieme a persone tutt'altro che semplici che non credono assolutamente a nulla del genere, ma che tuttavia credono ancora implicitamente nella pratica di metodi molto più incisivi per ottenerle, la civiltà sarà ancora un felice terreno di caccia per i predatori e gli acquisiti e un deserto per gli originali e i creativi. La nuova filosofia, rivendicando per la scienza meccanica la sua giusta posizione di pari dignità nella trinità della saggezza, dovrebbe rendere più facile rendere a Cesare le cose che sono di Cesare e a Dio le cose che sono di Dio.

Ricchezza e calorie

In primo luogo, l'ergosofia riabilita con un significato preciso l'antica e indispensabile parola *ricchezza*, che l'economista ortodosso, conoscendo il presunto oggetto dei suoi studi ancor meno dei fondatori originari della materia, i fisiocratici francesi, dava troppo per scontata. Avendo origine, per lui, in qualche modo da un'agenzia divina, arrivò a considerare l'acquisizione della ricchezza come equivalente alla sua creazione. Divenne ossessionato dal commercio e dagli scambi mercantili, trascurando i principi tecnici alla base di ogni nuova produzione di ricchezza. Ancora oggi siamo in preda a un sistema mercantile che disperde nella distribuzione la maggior parte dei vantaggi ottenuti alleggerendo il lavoro di produzione della ricchezza. Coinvolto in una massa di evidenti incongruenze, sembrava non sopportare affatto l'uso del termine ricchezza da parte di coloro che non erano stati educati alle sue sofisticazioni. Anche gli ortodossi sono oggi estremamente parsimoniosi nell'uso di questa parola. La discussione che ultimamente ha avuto grande risalto sui giornali riguardo al reddito necessario per acquistare, tra le altre cose, cibo sufficiente a sostenere una famiglia in salute e al lavoro possiede un significato che forse è stato perso. L'intera questione era incentrata sul numero di calorie di energia contenute nel cibo stesso, da dimostrare, se necessario, bruciandolo in un calorimetro. Questa è economia, anche se non è ancora riconosciuta come tale.

Il marxismo è obsoleto

Non bisogna mai dimenticare che l'economia vittoriana era essenzialmente un'economia di classe, in cui solo gradualmente e tardivamente venivano considerati gli effettivi produttori di ricchezza, distinti dai datori di lavoro e dai proprietari di beni. Ma le cose vanno peggio e non meglio tra le dottrine accettate dai movimenti rivoluzionari e di sinistra. Con un più chiaro riconoscimento delle implicazioni sociali dell'energia, le nostre controversie politiche appaiono principalmente dovute a confusioni economiche. In un'epoca in cui l'uomo viene sempre più allontanato dalla sua funzione di lavoratore fisico da fonti di energia puramente inanimate e rischia di essere in gran parte escluso dal ciclo di produzione e distribuzione da meccanismi automatici, sarebbe incredibile, se non fosse vero, che una parte così ampia del mondo venga erroneamente rappresentata come dominata dalle dottrine di Karl Marx sulla ricchezza che ha origine nel lavoro *umano*. Ogni artigiano deve sapere che oggi non è così. Le opinioni di Marx sul denaro erano ancora più obsolete, relativamente alla sua epoca, di quelle sulla ricchezza, ed è stato significativo nelle testimonianze davanti alla Commissione Macmillan che i marxisti sembrano essere stati gli ultimi ad abbandonare la loro primitiva fede nell'oro come mezzo monetario e nel gold standard.

Relazioni tra popoli e governi

Se, come sembra stia accadendo, queste idee obsolete e i dottrinari che le sfruttano stanno rapidamente perdendo la loro presa sul pubblico, e se un numero crescente di persone di tutte le sfumature di opinione politica si sta svegliando alle rivoluzioni più fondamentali rese ineluttabili dal progresso della scienza, è possibile prevedere per questo e per altri Paesi non ancora superati dalla rivoluzione un corso molto diverso e più ragionevole, anche se più prosaico, degli eventi. Non è infatti un progresso, dopo aver esonerato la divinità dalla funzione di fornitore universale, istituire il governo al suo posto. Veblen era molto più vicino alla realtà nel sostituire il tecnologo. Almeno negli affari economici della nazione, non sembrerebbe un male se venissero seguite le normali regole pratiche degli affari, incoraggiando il successo e l'onestà con la promozione, mentre l'incompetenza e la corruzione comporterebbero il licenziamento come per qualsiasi altro funzionario retribuito.

Interpretazione fisica della storia

Né la storia sembra in grado di sfuggire alle stesse accuse dell'economia. Se in altre rivoluzioni non si studiano le azioni e le motivazioni proclamate a gran voce dai contendenti, ma piuttosto i frutti permanenti e duraturi della lotta, la somiglianza appare minima. Gli storici sembrano esposti all'accusa di registrare piuttosto ciò che avrebbe dovuto accadere secondo i loro preconcetti filosofici unilaterali, piuttosto che ciò che è realmente accaduto. In realtà, le fazioni politiche che si sono succedute sembrano aver continuato ad annullarsi reciprocamente fino a quando, attraverso un processo di eliminazione, si è dato più spazio ai nuovi fattori del mondo che consentivano e, anzi, imponevano un modo di vivere più soddisfacente e intelligente. Allora, e solo allora, il fermento si placò.

Questa, almeno, è l'interpretazione della storia da parte di Sydney A. Reeve, un ingegnere americano che da trent'anni si dedica allo studio delle grandi guerre e rivoluzioni storiche del passato, dal punto di vista dell'Energetica Sociale. La sua conclusione che queste terribili e devastanti esplosioni avrebbero potuto essere evitate, e possono essere evitate in futuro, è ovviamente di primaria importanza nella situazione attuale del mondo. Le aspirazioni umane al progresso possono essere date per scontate. Anche in caso di eclissi totale, non sono morte, ma solo latenti. Ma se riusciranno a realizzarsi e non a diventare una mera rivolta passiva o attiva, destinata in anticipo all'inutilità, è in definitiva una questione di risorse fisiche piuttosto che di attitudini psichiche degli uomini. Senza l'abbondanza, tanto più essenziale a causa della distruzione che questi scoppi comportano, gli sforzi più valorosi ed eroici sono vani.

La verità sul "materialismo"

Questo può sembrare un materialismo sordido e privo di valore, e può avere un suono minaccioso nelle orecchie di molti. Ma nulla, se non l'ignoranza o peggio, potrebbe farlo sembrare tale. È meglio ascoltare coloro che hanno fatto fiorire il deserto come una rosa piuttosto che coloro che hanno reso i bei campi una melma di fango e sangue; coloro che hanno raccolto dalle stelle la cornucopia che allattava Giove invece di coloro che la svuotano nei fiumi e nel fuoco per paura dell'eccesso; a coloro che vorrebbero far entrare la luce e l'aria negli antri e che combattono le malattie sociali con il cibo e il calore piuttosto che con le droghe e i sussidi; a coloro che aspettano di liberare nella vita la marea montante della ricchezza piuttosto che guardarla mentre rompe le sue dighe e balza di nuovo all'opera di distruzione e di morte. Non è forse terribile che uomini in grado di fare tutte queste cose siano considerati meri assoldati di cosiddetti umanisti e idealisti, e che non ci si preoccupi se sono assunti per creare o per distruggere! Anche i muli degli Stati Uniti, come si legge, quando i punteruoli, appositamente importati, non sono riusciti a distruggere il raccolto di cotone per evitare la "sovrapproduzione", si sono rifiutati di ricacciare nella terra le piante in crescita.

Mentre gli uomini, con le risorse a loro disposizione per costruire una civiltà di una magnificenza e liberalità che il mondo non ha mai conosciuto, sono ora allo stremo delle forze per inventare nuove forme di distruzione e di spreco per evitare che questa nuova civiltà sostituisca la vecchia.

L'origine fisica del "progresso"

Alcuni potrebbero vedere nell'ergosofia nient'altro che un determinismo economico spinto all'estremo. È vero, le calorie vanno bene nel senso che nulla può accadere senza un sufficiente dispendio di esse, una condizione sulla quale gli umanisti di solito trovano conveniente non soffermarsi. Ma questo tipo di determinismo la nuova dottrina lo riconduce a leggi che non derivano affatto dalla vita, sebbene tutta la vita vi obbedisca. Che questo non sia - o almeno non fosse - semplicemente banale e ovvio, è chiaro dalle opinioni di Marx, a cui si attribuisce la dottrina del determinismo economico, sull'origine della ricchezza. Se avesse omesso dalla sua definizione di ricchezza la parola "umano" e avesse detto che la ricchezza aveva avuto origine dal lavoro, nel senso in cui il fisico usa la parola per il lavoro o l'energia, avrebbe anticipato le opinioni moderne. Invece, si riferiva al fondatore originale di questa, forse la più grande di tutte le generalizzazioni scientifiche, come a "un americano imbroglione, il baronetto yankee Benjamin Thompson, *alias* il conte Rumford".

Ma anche se ora questo è poco più di un'ovvietà, c'è qualcosa di molto più positivo in queste dottrine che il semplice escludere o subordinare i fattori umani e religiosi dall'arbitrio finale del destino delle comunità. Per quanto riguarda l'individuo, sembra esserci un perfetto libero arbitrio nell'utilizzare o meno le opportunità offerte dall'invenzione e dalla scoperta per alleggerire il lavoro e moltiplicare le ricompense del sostentamento. Ma questo libero arbitrio non si estende in alcun modo alla sua capacità di impedire in modo permanente ad altri di farlo. La teoria di Reeve sulle guerre e sulle rivoluzioni è che esse nascono proprio da questo tentativo, che alla fine è sempre fallimentare e disastroso. Comunque si voglia etichettare questa nuova visione, essa implica chiaramente che il progresso umano è predestinato dal basso, anche se non avviato dall'alto. Nel migliore dei casi gli uomini possono essere guidati verso modi di vita più elevati, ma nel peggiore sono spinti dalle retrovie. Ma lascia la forma e la natura effettive del progresso umano agli altri membri della trinità, il contenuto biologico e psichico dell'epoca che può esistere in quel momento.

La dottrina della lotta

Per quanto possa sembrare sgradevole e infrangere molte care illusioni, è tuttavia la chiave che meglio si adatta alla nostra epoca, e nessuno lo sa meglio di coloro che hanno cercato di diffondere il nuovo evangelo. Come ha ben detto di recente uno scrittore australiano - ci sono molti che si aggrappano (per gli altri, non per loro stessi) alla povertà, all'insicurezza, al duro lavoro, alla povertà di vita, alle guerre, alla fame e alle malattie come a benedizioni mascherate, necessarie per pungolare e sottomettere questo pigro e indisciplinato animale, l'uomo, e per proteggerlo dalla mollezza e dalla decadenza. Questa è la dottrina dell'esistenza per la lotta, piuttosto che della lotta per l'esistenza, ed è probabilmente la dottrina più antica del mondo. Puzza di Oriente e non di Occidente. Se si considera la "necessità biologica", l'imperativo fisico è ancora più categorico. Perché nella lotta l'uomo non può esistere - può solo distruggersi ed essere distrutto. È sicuramente una biologia piuttosto rozza, visto che fin dai suoi albori la vita non ha fatto altro che eludere gli imperativi fisici, supporre che l'uomo, in questa fase della sua evoluzione, debba improvvisamente invertire i suoi istinti e, per forza di cose, mettere fuori uso il suo cervello contro di essi. In realtà, queste idee hanno, come lo scrittore australiano ha tenuto a sottolineare, solo un'applicazione vicaria, e la necessità biologica della morte per l'individuo è ancora la più grande assicurazione per la sopravvivenza della specie. Il problema è piuttosto educativo: la razza deve imparare a proteggersi efficacemente da coloro che, avendo imparato soprattutto la storia delle passate epoche dell'arco e delle frecce, userebbero le armi titaniche della scienza per l'annientamento della razza.

Gli uomini, è vero, in quelle epoche possono essere stati spinti dalla fame a compiere con successo furti e rapine ai danni dei loro vicini, ma, in questa potenza, il progresso è stato dovuto alla conquista della natura e al superamento degli uomini. Qualunque sia l'effetto genetico finale della Grande Guerra, è generalmente ammesso che la Rivoluzione francese e le guerre napoleoniche hanno ridotto sensibilmente il fisico medio della nazione francese e che ora le guerre, dato che il coraggio e il valore superiori hanno molte più probabilità di portare a un rapido annientamento personale che alla sopravvivenza finale, sono decisamente e necessariamente disgeniche. Mentre sul versante positivo, dove il coraggio e la resistenza sono essenziali per la sopravvivenza, nell'esplorazione della terra, del mare e del cielo, e nella sperimentazione e addomesticamento di nuovi processi e apparecchi ancora imperfettamente compresi per l'uso degli uomini, la scienza ha fornito e sta fornendo sia le opportunità che le necessità inevitabili per affrontare e superare pericoli che avrebbero fatto impallidire le guance degli eroi leggendari di un tempo. La colpa, se c'è, è piuttosto dei nostri poeti che non immortalano adeguatamente queste conquiste, ma in questo campo nessuno dubita dell'immensa superiorità degli antichi su di noi, che per tanti altri aspetti abbiamo ben poco da imparare da loro.

Guerre moderne e debiti nazionali

In realtà, ancora una volta, le guerre sono oggi solo per il sostentamento? Non sono forse combattute per assicurarsi mercati dove disporre della ricchezza in eccesso derivante dalla produzione scientifica che opera con la vecchia legge pratica dei salari? (Per "legge pratica dei salari" si intende il sistema che assicura al lavoratore quanto basta per mantenerlo in condizioni mentali e fisiche tali da consentirgli di svolgere in modo efficiente il proprio mestiere, l'artigianato o l'attività professionale. Si tratta, ovviamente, di un'eredità *diretta* dell'età della scarsità). Per dirla senza mezzi termini, lo scopo delle guerre è quello di costringere le nazioni più deboli a sottrarre questo surplus alle mani dei più forti, accumulando debiti, se necessario, per pagarlo. Poi, la minaccia di ulteriori guerre è necessaria per garantire che i debiti e i relativi interessi non vengano ripudiati.

Le vere lotte

La lotta per l'esistenza si rivela ora fondamentalmente una lotta per l'energia fisica, e la conquista della natura ha reso disponibili scorte di gran lunga superiori a quelle che possono essere estratte dai corpi riluttanti del bestiame da tiro e degli schiavi. Non è la lotta, ma l'energia che è essenziale per la vita umana. La dottrina dell'esistenza per la lotta, invece, è la religione più antica del mondo.

Non è mai stata altro che una religione di ambiziosi, dominatori e senza scrupoli, con l'arroganza di una razza o di una casta di superiorità sulle razze esterne o sul gregge interno, con la presunzione di avere la licenza di agire in modo infido e dannoso nei confronti degli stranieri e di coloro che considera di razza inferiore e di limitare i propri standard di onore e decenza a quelli del proprio sangue o del proprio ordine. È un codice a cui il cristianesimo ha resistito attivamente e passivamente per duemila anni. Questo fatto non è irrilevante. Perché tra il progresso che è culminato nell'ergosofia e la religione cristiana c'è un'intima connessione. Infatti la prima è in origine interamente il prodotto delle nazioni cristiane dell'Occidente.

Il tabù dell'economia scientifica

Dopo la guerra, si è levato un grido affinché gli uomini di scienza collaborassero con le autorità finanziarie, industriali e politiche per risolvere i mali sociali che avevano portato alla guerra e che da allora hanno reso la Pace solo un termine improprio. Ma le conclusioni strane e anticonvenzionali dei pochi che avevano portato ai problemi sociali lo stesso pensiero attento e originale che erano abituati ad applicare nelle loro ricerche, spaventarono non il pubblico, ma coloro il cui interesse in questi problemi è quello di mantenerli riconciliati con le cose così come sono. Chi si ostinava a far luce sui mali e sulle anomalie sociali veniva considerato empio e le conclusioni tabuizzate. Ma è una follia supporre che in questi giorni si possa sopprimere qualsiasi generalizzazione di ampio respiro che chiarisca le grandi questioni esistenti. Ora che ci sono segni che la scuola dei riformatori monetari dell'Età dell'Abbondanza sta vincendo e che la cospirazione del silenzio da parte della stampa "rispettabile" è fallita, possiamo valutarne il costo. Quindici anni di opportunità d'oro sono stati sprecati, perché il tempo è stato dedicato all'aggravarsi della malattia. Politiche, che ora tutti sanno essere l'esatto contrario di quelle richieste dai fatti, come il risparmio, o il produrre di più e il consumare di meno, hanno dato i loro inevitabili risultati. Ci si aspetta che l'opinione pubblica creda che le disgrazie che ci attanagliano siano atti di Dio e che, pur avendo la scienza e le attrezzature e l'organizzazione necessarie per produrre ricchezza in abbondanza, sia al di là dell'ingegno dell'uomo imparare come distribuirla. Il problema, è vero, è nuovo e l'approccio ad esso è oscurato, spesso intenzionalmente, da una massa di mezze verità e di vecchie verità. Ma la sua soluzione non è stata resa più vicina o più chiara dal puerile sforzo del dopoguerra di sopprimere la libera discussione pubblica delle nuove dottrine, una questione che è stata combattuta e vinta nella scienza fisica ai tempi di Galileo.

Guerre e rivoluzioni derivano dalla ricchezza

Il lettore sarà senza dubbio in grado di fornire da solo molte sorprendenti conferme della teoria secondo cui le guerre e le rivoluzioni non derivano dalla povertà e dalla miseria, ma dalla crescita della ricchezza e dal futile tentativo di opporsi alla sua distribuzione. Ma due di queste conferme, che sono state fatte all'autore, possono essere citate in questa sede. La prima riguarda le cause immediate e accidentali che hanno fatto precipitare la prima rivoluzione di Kerensky in Russia. All'epoca ci è stato detto da russi intelligenti e imparziali che non furono né la fame e la povertà né gli orrori della sconfitta in guerra, ma due dimostrazioni di incompetenza ufficiale così grossolane da oltraggiare i sentimenti più profondi della Russia. La prima fu la coscrizione di massa dei contadini molto prima che ci fossero armi o caserme per una piccola frazione di loro, per cui una gran parte morì a causa delle condizioni pestilenziali generate. Anche da un punto di vista puramente militare sarebbe stato molto meglio lasciarli al lavoro nei campi. L'altra è stata la perdita di praticamente tutto il raccolto di una stagione di uno dei principali distretti cerealicoli della Russia meridionale durante il trasferimento dalle chiatte alla testa della ferrovia, a causa del suo scarico in un punto universalmente noto come soggetto a improvvise inondazioni autunnali.

La seconda illustrazione è di portata più che incidentale: Olive Schreiner, nell'introduzione al suo libro *La donna e il lavoro*, racconta come sia arrivata a considerare quasi assiomatico che "le donne di nessuna razza o classe si ribelleranno mai o cercheranno di portare avanti un aggiustamento rivoluzionario del loro rapporto con la società, per quanto intensa sia la loro sofferenza e per quanto chiara sia la loro percezione di essa, mentre il benessere e la persistenza della loro società richiedono la loro sottomissione"; lo fanno, in breve, quando le mutate condizioni rendono l'acquiescenza non più necessaria o desiderabile.

Non è la sofferenza, ma la sofferenza e l'infelicità *non necessarie*, il pungolo del progresso umano. Precede quest'ultimo il progresso materiale nelle invenzioni e nelle arti che danno agli uomini il potere sul loro ambiente, e felice è l'epoca in cui precede anche, e tiene il passo con l'espansione della ricchezza, il progresso nella sfera morale e spirituale. Perché allora non c'è rivoluzione, ma rinascimento. Così ai nostri giorni non è l'agitatore che fomenta l'odio di classe che può iniziare, né gli aviatori che fanno piovere bombe che possono fermare una rivoluzione. Ma se si svuota il latte nel Potomac, se si importano parassiti per distruggere il raccolto di cotone, se si bruciano grano e caffè come combustibile, se si limita la produzione di gomma, se si creano barriere tariffarie, se si permettono trust, federazioni, cartelli e serrate, se si permette ai sindacati di sviluppare metodi astuti per ridurre la produzione, se si mantengono nella miseria, nell'insicurezza e nell'ozio masse di disoccupati a cui non è permesso di migliorare la propria sorte producendo proprio le cose di cui hanno bisogno, la rivoluzione in qualche forma non è probabile, ma certa. Le idee che governano gli uomini vengono oltraggiate. Invece di alcuni esempi eclatanti di incompetenza o peggio, iniziano a vedere il caos universale invece dell'ordine. Le loro istituzioni, lungi dal proteggerli nelle loro pacifiche attività, da cui dipendono per il loro sostentamento, sembrano coalizzate per mantenerli in una tradizionale e inutile servitù e dipendenza. L'esercito comincia a rendersi conto di essere comandato dal nemico.

Il sistema monetario ostacola il flusso

Né alcun mezzo servirà a porre fine o a sconfiggere tale rivoluzione, sia essa improvvisa o prolungata, violenta o cronica, a meno che e fino a quando le barriere che si oppongono alla libera e piena distribuzione della ricchezza dal produttore all'utilizzatore e al consumatore finale non saranno abbattute e il flusso di ricchezza tornerà a soddisfare lo scopo per cui gli uomini si sono sforzati di crearlo. Poiché in tutte le civiltà monetarie è il denaro l'unico in grado di effettuare lo scambio di ricchezza e il flusso continuo di beni e servizi in tutta la nazione, il denaro è diventato la linfa vitale della comunità e per ogni individuo una vera e propria licenza di vivere. Il sistema monetario è il meccanismo distributivo, e questa lettura della storia sostiene quindi fino in fondo le conclusioni di coloro che hanno fatto uno studio particolare di ciò che è diventato il nostro sistema monetario. È la fonte primaria e infinitamente più importante di tutti i nostri attuali disordini sociali e internazionali e del fallimento, finora, della democrazia.

Una minima conoscenza del nostro attuale sistema monetario rende abbondantemente chiaro che, senza che la democrazia lo sappia o lo permetta, e senza che la questione sia mai stata sottoposta all'elettorato nemmeno come questione politica secondaria o minore, il potere di emettere denaro è stato tolto dalle mani dei cittadini e usurpato come prerequisito dagli usurai. Praticamente tutti i veri riformatori monetari sono unanimi nell'affermare che l'unica speranza di sicurezza e di pace risiede nel fatto che la nazione riprenda immediatamente la sua prerogativa sull'emissione di tutte le forme di denaro, che, legalmente, non ha mai ceduto.

CAPITOLO II

LA TEORIA DEL DENARO - LA RICCHEZZA VIRTUALE

Che cos'è il denaro?

Iniziamo il nostro "studio" con una definizione esaustiva di cosa sia il denaro moderno.

Il denaro ora è il NULLA *che si ottiene per* QUALCOSA *prima di poter ottenere* QUALCOSA.

Il nostro compito è quello di comprendere tutto ciò che questo implica. La definizione è ovviamente economica e si riferisce alle transazioni ordinarie come il guadagno, l'acquisto e la vendita tra la gente comune - gli zii generosi e altri benefattori volontari non sono contemplati - e il *nulla*, il *qualcosa* e il *qualsiasi cosa* della definizione si riferiscono a cose di valore reale in sé, di solito chiamate beni e servizi, o semplicemente ricchezza, a meno che non si tratti di distinzioni di tipo tecnico o di spicciolo che riguardano l'esatta definizione di ricchezza. Inoltre, si riferisce alle persone comuni, nel senso di coloro che non hanno la possibilità o il potere di emettere denaro.

In effetti, questa definizione non solo risponde in modo esauriente a ciò che il denaro è oggi, ma risponde in modo perfettamente soddisfacente a tutto ciò che il denaro è sempre stato, sia che sia stato moneta o carta o qualsiasi altra forma. Dal punto di vista del proprietario o del possessore, il denaro è il credito che egli ha stabilito a suo favore presso la comunità in cui passa o ha "corso legale", avendo *ceduto* in passato beni e servizi di valore per nulla, in modo da ottenere a suo piacimento, in futuro, un valore equivalente per nulla. Si tratta semplicemente di un ingegnoso espediente per assicurarsi un pagamento anticipato, e in una civiltà monetaria i proprietari del denaro sono coloro che hanno pagato in anticipo per determinati valori di mercato di beni e servizi acquistabili, senza averli ancora ricevuti.

Non c'è nulla di misterioso in tutto questo. Quello che è stato definito "il mistero morale del credito", cioè del denaro-credito, potrebbe benissimo essere definito il mistero immorale del debito. Infatti, non c'è credito senza debito come non c'è altezza senza profondità. Oriente senza Occidente, o calore senza freddo. Le due cose sono collegate e, sebbene basti una sola persona per possedere una ricchezza, ce ne vogliono due per possedere un debito, perché per ogni proprietario c'è un debitore. Il denaro, ovviamente, è una forma del tutto peculiare del rapporto credito-debito, se non altro perché mentre tutte le altre forme sono del tutto facoltative, essendo il creditore un agente libero di entrare o meno in questo rapporto, il denaro è un rapporto credito-debito dal quale nessuno può effettivamente sfuggire.

Cerchiamo di capire fin dall'inizio quali sono i segni giusti. *Il proprietario del denaro è il creditore* e chi lo emette è il debitore, perché il proprietario del denaro cede beni e servizi all'emittente. In un sistema monetario onesto, l'emittente di denaro che non riceve beni e servizi in cambio di nulla lo fa sulla fiducia per il beneficio della comunità.

In un sistema monetario fraudolento lo fa a beneficio di se stesso. Non fa alcuna differenza che egli spacci il denaro e lo metta in circolazione lui stesso o che lo presti a interesse perché altri lo spoglino per lui. In ogni caso, ciò che ottiene per spendere o prestare viene ceduto da qualcun altro. *Ex nihilo nihil fit.* Nulla viene dal nulla o, nella fraseologia moderna, la materia e l'energia si conservano.

Baratto e monete di scambio

L'invenzione del denaro segna un netto passo avanti nella civiltà. Nel baratto il proprietario di un bene lo cede a un altro in cambio di un altro bene di valore equivalente. Il denaro ha potuto sostituire il baratto non perché ha permesso alle persone di ottenere proprietà altrui senza rinunciare a nulla, ma perché le avevano già cedute in una transazione precedente e indipendente. Tutte le sfumature di distinzione che il denaro ha attraversato nel corso della sua evoluzione, dal baratto al puro credito (o debito), non riguardano il qualcosa inizialmente ceduto per esso, che è l'elemento essenziale di tutte le sue forme. Riguardano semplicemente ciò che si riceve in cambio. Questo può variare dall'intero valore sotto forma di moneta d'oro a una ricevuta cartacea intrinsecamente priva di valore, e oggi nemmeno quello. Per una serie di presunte ragioni, come la necessità di far circolare liberamente il denaro, che non è il caso di prendere molto sul serio, si è ritenuto necessario, almeno in alcuni stadi dell'evoluzione del denaro, restituire a chi cede qualcosa l'intero valore equivalente in oro o altro metallo prezioso. Se questo equivalente fosse sotto forma di un certo peso di polvere d'oro, o di qualsiasi altra merce scambiabile ugualmente conveniente, ci troveremmo di fronte a un caso di baratto puro e semplice, con la sola differenza che, con ogni probabilità, il destinatario del metallo di solito non ne aveva alcun bisogno e lo accettava solo come forma di pagamento temporanea o intermedia riconosciuta. Ma quando nacque la pratica della coniazione del denaro e vennero emesse monete di peso e finezza ben definiti, con impresso un qualche disegno, come la testa del re, indicativo dell'autorità sotto la quale venivano legalizzate come denaro, non solo si fece un grande passo avanti, come, ad esempio, la comodità di fare i conti senza dover ricorrere alla bilancia, ma si rese definitivamente inutile per il possessore il materiale di cui era fatta la moneta, fintanto che questa non veniva fusa. Entro questa limitazione, cioè finché la moneta rimane intatta, questo tipo di denaro, non meno del moderno denaro di credito o di debito, implicava la rinuncia a qualcosa in cambio di nulla, a meno che non si consideri un valore economico il piacere di un avaro nel gongolare del suo gruzzolo. Inoltre era consuetudine rendere reato di tradimento il deturpare l'effigie del sovrano o interferire in altro modo con l'integrità di una moneta, così come il produrre un'imitazione contraffatta. Sebbene ciò possa essere stato inteso per prevenire la tosatura, il sudore e simili, ha dato forza di legge a quello che viene qui considerato il criterio essenziale comune di tutto il denaro, la rinuncia volontaria a qualcosa di utile o di valore per il proprietario *senza* alcun ritorno equivalente.

Carta moneta

Nel caso di una banconota di carta, è ancora esattamente ciò che era quando è nata, una ricevuta stampata per qualcosa ceduto in cambio di nulla. Nel caso delle banconote britanniche originali, si trattava allo stesso tempo della ricevuta della banca che le emetteva per l'equivalente dell'oro, volontariamente ceduto dal proprietario in prestito o in custodia, e della sua promessa di restituirlo su richiesta. Da qui l'origine della legenda *Promise to Pay* sulle nostre attuali banconote. Nel loro uso come denaro, la moneta d'oro e la banconota di carta sono alla pari, con l'unica differenza che quest'ultima non ha altre funzioni possibili, mentre la prima, essendo distrutta come denaro, può tornare all'uso effettivo come merce. Ci stiamo avvicinando a due considerazioni diverse che spesso vengono confuse: una, che cosa conferisce al denaro un valore di scambio definito, e l'altra, come si può evitare che tale valore di scambio cambi e come si può salvaguardare il proprietario da eventuali perdite nel caso in cui il suo valore si svilisca.

Una moneta d'oro o d'argento di pieno valore è protetta dallo svilimento del suo valore perché può essere fusa, legalmente o meno, e il lingotto barattato per un valore equivalente a quello ceduto per la moneta. Mentre qualsiasi cartamoneta "non garantita" è essenzialmente una semplice ricevuta o I.O.U. e, se viene svilita nel valore di scambio, il proprietario non ha alcun rimedio. Gli interessi monetari professionali sono soliti denigrare la cartamoneta, mantenere vivo il ricordo di ogni abuso della macchina da stampa (che dopo tutto dà una ricevuta tangibile al proprietario per ciò a cui ha rinunciato), e predicare le virtù dell'oro mentre praticano essi stessi un'alchimia che non richiedeva nemmeno la macchina da stampa. Ma per un giudice imparziale non c'è nulla di così negativo come il sistema che si sviluppò e fiorì dopo che divenne fisicamente impossibile aumentare l'offerta di oro in modo sufficientemente rapido da tenere il passo con l'espansione dell'industria, così che si dovette trovare un sostituto per la moneta.

"Banca-Credito"

La rovinosa caduta continua del livello dei prezzi, oggi così familiare, deriva normalmente dai controlli imposti alla naturale espansione della moneta, necessaria per tenere il passo con l'aumento della ricchezza in un'epoca di crescente prosperità. La parvenza dell'oro fu conservata, ma il sistema era in realtà una frode dorata. Da un misero "supporto" d'oro (all'inizio con, ma alla fine senza l'ausilio di alcuna carta, o l'emissione di una qualsiasi ricevuta per il proprietario di ciò che aveva rinunciato) nacque una vasta sovrastruttura di denaro fisicamente inesistente creato dal "credito bancario". Se fossero state emesse ricevute stampate per i proprietari, l'emissione avrebbe messo in ombra i peggiori esempi storici prebellici di abuso della stampa in tempi di disordini e difficoltà politiche. Non è l'emissione di ricevute vere e proprie che dovrebbe essere attaccata, ma l'ottenimento in cambio di nulla, attraverso l'emissione di moneta, di più di quanto il pubblico sia in grado di cedere per essa. Se stampare ricevute, invece di dare oro per ciò che il proprietario del denaro cede per denaro, è una pratica immorale, quanto più immorale è non dare nemmeno ricevute! Quanto è ipocrita procedere contro il contraffattore di una banconota falsa, che rilascia una ricevuta falsa, per tradimento anziché per furto, e limitare rigorosamente con un Atto del Parlamento le somme che le banche possono ottenere dal pubblico per niente con l'emissione di ricevute tangibili, mentre si permette loro di estrarre per il proprio profitto somme incomparabilmente più grandi purché non riconoscano affatto la ricevuta!

L'emissione privata di denaro

Permettendo la nascita di zecche private, il Parlamento ha fondamentalmente e forse irrimediabilmente tradito la democrazia. Prima che la guerra gettasse una luce penetrante sulla natura dei sistemi monetari in generale, era consuetudine, anche nelle opere di economisti apparentemente rispettabili, trovare distinzioni assolutamente disoneste tra il denaro invisibile così creato e le banconote di carta. Queste ultime erano realmente denaro, mentre le prime non lo erano! In realtà, il lettore può sempre capire in queste opere standard sull'argomento quando si sta avvicinando alla parte più losca della faccenda. Il fatto essenziale, la creazione di nuova moneta, viene oscurato da una nuvola di giustificazioni anticipate e da elaborate argomentazioni speciali. Questo non è più possibile, e si può essere grati di trovare oggi alcuni scrittori tecnici su questo argomento maleodorante che si accontentano di esporre i fatti in modo inequivocabile e di lasciare che il lettore tragga le proprie conclusioni.

È vero, il vecchio sistema di credito "basato sull'oro" evitava che la moneta venisse progressivamente e permanentemente svilita rispetto al valore di scambio dell'oro, riportandola forzatamente indietro dopo che era stata svilita - aggiungendo alla rapina di Pietro per pagare Paolo la successiva rovina di Paolo per pagare la banca. Per quanto semplici e per molti versi buone, le valute d'oro e d'argento reali comportano un'enorme quantità di inutili sforzi umani nella ricerca dei metalli preziosi, che vengono immediatamente resi inutili per qualsiasi applicazione estetica o industriale legittima. Ma è una mera finzione attribuire questi solidi vantaggi, che pure ci sono, ai sistemi moderni che fingono di basarsi su di essi, ma che in realtà li usano brutalmente per ridare valore al denaro dopo che è stato diluito, a danno degli innocenti e a vantaggio dei colpevoli.

Per più di un secolo, semplicemente, non c'è stato abbastanza oro e argento nel mondo per soddisfare le esigenze di una pura moneta di scambio. Per quanto riguarda le condizioni attuali in questo paese e altrove, dopo la rottura definitiva del "goldstandard", siamo ora impegnati in una moneta quasi puramente creditizia, ma invece di uno standard definito siamo entrati in una fase di "politica monetaria" in cui il livello dei prezzi viene modificato deliberatamente di volta in volta da giudici irresponsabili in base a ciò che concepiscono come "politica", e senza il minimo riguardo per i principi elementari di giustizia e correttezza nei confronti di coloro che possiedono il denaro, e cioè di tutti coloro che hanno rinunciato a un valore equivalente per esso.

Politica monetaria

La politica monetaria sarebbe meglio descritta come "politica dei pesi e delle misure", perché è semplicemente un mezzo universale per destreggiarsi con gli standard di peso e di misura. Nessuno, al di fuori della scienza metrica, è realmente interessato al valore assoluto di questi ultimi. Il loro uso economico è puramente relativo al denaro: quante libbre di carbone per una sterlina, quanti penny per una pinta di birra. Fare in modo che la sterlina compri meno o più sterline o pinte equivale, in tutti gli affari economici, a fare in modo che la sterlina e la pinta pesino e misurino meno o più di prima. Sostituisce le false bilance e i vasi di misura con un meccanismo di truffa universale e ineluttabile.

Viviamo in un'epoca resa grande dalle scienze precise ed è inutile cercare di collegare il nostro denaro ancora al vecchio richiamo semi-idolatrico dell'oro e dell'argento. Si potrebbero scrivere libri a favore e contro il sistema di collegare il valore di scambio delle merci all'unica merce, l'oro, senza nemmeno tentare di rispondere alla vera domanda su cosa sia a dare al denaro il suo valore di scambio. È vero che le semplici monete di scambio possono mantenere costante il valore del denaro rispetto all'oro o all'argento. Ma questo di per sé non ha alcun significato, a meno che non si riesca a trovare una risposta alla domanda: cosa fissa il valore di questi metalli relativamente rari, il cui uso è quasi completamente limitato a scopi di lusso, in termini di cose universalmente necessarie perché la vita continui? Che ci sia una domanda a cui rispondere è ovvio quando ci occupiamo delle forme di moneta puramente cartacea e creditizia, ed è quasi altrettanto ovvio che la risposta può essere trovata solo in quella che qui viene considerata la caratteristica essenziale della moneta in generale, poiché è l'unica caratteristica che questa forma di moneta presenta. Si deve rinunciare tanto a una sterlina di carta quanto a una sovrana d'oro. Non c'è differenza tra i due tipi di denaro sotto questo aspetto, ed è quindi questo aspetto il criterio comune a tutte le forme di denaro.

Cosa dà valore al denaro

Il suo valore di scambio dipende, infatti, semplicemente dalla quantità di ricchezza di cui la gente preferisce volontariamente fare a meno piuttosto che possedere. Il valore del denaro dipende certamente da quanto la gente vuole il denaro, ma il significato prevalente e confuso che si attribuisce a una frase come "la gente vuole il denaro" rende necessaria l'aggiunta di "*invece* della ricchezza".

Nelle transazioni di prestito autentiche di qualsiasi tipo, il prestatore *cede* il credito che è denaro a un altro che lo spende al suo posto, e nell'economia nazionale non è importante l'individuo che lo spende, ma il fatto che venga speso. Poiché le persone non prendono in prestito denaro e non pagano interessi su di esso solo per accumularlo, in questo contesto il prestito e la spesa sono sinonimi. Invece, ciò che determina il valore del denaro è la quantità di ricchezza di cui le persone preferiscono fare a meno; e ciò equivale alla quantità di credito che *conservano* come denaro.

Tutta la fraseologia comune sul denaro pone l'accento solo su ciò che si ottiene sbarazzandosene, piuttosto che sulla considerazione preventiva di ciò a cui si rinuncia acquistandolo e conservandolo. Dal primo punto di vista, la richiesta di denaro da parte della gente è insaziabile; dal secondo punto di vista, sarebbe più corretto dire, salvo gli avari, che la gente ne conserva il meno possibile. Ne vogliono in media quanto basta per poter condurre le proprie attività e i propri affari domestici senza disagi e imbarazzi. Vogliono abbastanza per comprare ciò che possono permettersi di comprare quando ne hanno bisogno. Se hanno più di questo, lo spendono o lo investono. In entrambi i casi, scaricano su qualcun altro l'onere di fare a meno delle cose che compreranno. È molto importante riconoscere subito che, a questo proposito, investire è spendere tanto quanto prestare e per lo stesso motivo. Il lettore deve ricordare che in questa indagine si presuppone che l'atteggiamento ordinario dell'individuo nei confronti del denaro sia perfettamente compreso, e che non è questo aspetto, ma piuttosto l'aspetto comunitario del denaro ad essere indagato.

Due principi monetari fondamentali

Due considerazioni sono importanti. La prima è che l'acquisto, la vendita, l'investimento, il prestito vero e proprio e il prestito non hanno alcun effetto sulla quantità di denaro - e cioè sulla quantità di ricchezza di cui la comunità è priva - poiché ciò che una persona ottiene o cede un'altra lo cede o lo ottiene. Qualcuno, cioè, deve possedere sempre tutto il denaro e fare a meno della sostanza per l'ombra. Per quanto gli individui possano sembrare liberi di esercitare la propria scelta, lo sono solo nella misura in cui le esigenze degli altri possono essere l'opposto o il complemento delle loro. Se nella comunità l'acquisto è più evidente della vendita, il livello dei prezzi aumenta e il valore dell'unità monetaria diminuisce. Se la vendita prevale sull'acquisto, si verifica il contrario. Supponendo che la quantità di denaro non cambi, il primo significa che la comunità sceglie di rinunciare a meno beni e servizi rispetto a quando il livello dei prezzi non cambia; e il secondo che sceglie di rinunciare a più beni e servizi.

Il secondo punto di importanza è che, sebbene gli individui muoiano e i loro affari vengano liquidati, le comunità vanno avanti all'infinito. Quindi, in un sistema monetario non stiamo contemplando una rinuncia volontaria e temporanea a qualcosa in cambio di nulla, per soddisfare le preferenze e la convenienza dell'individuo, ma, da parte della comunità, un'astinenza forzata dall'uso e dalla proprietà di beni e servizi acquistabili pari, in termini di prezzo o valore aggregato, alla quantità aggregata di denaro nella comunità.

Ricchezza virtuale

Questo aggregato di beni e servizi scambiabili di cui la comunità è continuamente e permanentemente priva (sebbene *i singoli* possessori di denaro possano istantaneamente richiederlo e ottenerlo da altri individui) l'autore lo definisce la Ricchezza Virtuale della comunità. Fissa il valore dell'aggregato di denaro, qualunque esso sia. Il valore di ogni unità di denaro, come il£ , in beni, o quello che viene definito "indice dei prezzi" o "livello dei prezzi", è quindi la Ricchezza Virtuale divisa per l'aggregato totale di denaro. Quest'ultimo, in un sistema di moneta-credito, può essere qualsiasi cosa, ma il primo è definito ed è dettato dalla necessità che le persone conservino una quantità sufficiente di credito esercitabile istantaneamente per beni e servizi, in modo da poter ottenere ciò che desiderano quando lo desiderano. Possono avere una grande varietà di Altre forme di credito - beni, servizi, gioielli, investimenti, immobili e proprietà - ma in una civiltà monetaria, distinta da una che pratica il baratto, tutti questi devono prima essere venduti a un acquirente, cioè scambiati con il credito che è denaro, prima che le persone possano ottenere ciò che vogliono come lo vogliono. In questo senso, la vendita di servizi in cambio di denaro è, ovviamente, più comunemente definita guadagno (salari, stipendi, onorari, commissioni e così via).

Il credito della Comunità

Ciò che viene qui chiamato con il nome speciale di *Ricchezza Virtuale* è spesso inteso dai riformatori monetari quando si usa il termine molto più ampio e generale di credito del pubblico o della nazione. In realtà la Ricchezza

Virtuale è una parte speciale e peculiare del credito della nazione. Il credito di una nazione può essere, e per lo più è, in alcun modo diverso da quello degli individui, nel senso ordinario della loro capacità di indebitarsi. Pertanto, la relazione che regola il debito nazionale ordinario è la stessa che si instaura tra gli individui. La nazione ha attinto o speso il suo credito per un ammontare di sette o ottomila milioni di sterline prendendo in prestito queste somme da singoli cittadini a condizioni diverse per quanto riguarda il pagamento degli interessi e la restituzione, se mai, in futuro, e questi individui sono titolari di debiti per le somme di denaro che hanno autorizzato il governo a spendere al loro posto. I cittadini consegnano il loro denaro e il Governo si compra beni e servizi.

La Ricchezza Virtuale, invece, è il credito stabilito dagli individui nei confronti della nazione, attraverso il quale, in primo luogo, nasce la forma intermedia di pagamento, il denaro. Il credito è costituito dalla consegna di beni e servizi direttamente all'emittente di denaro, rimborsabile in quanto tale non dall'emittente (a meno che non sia la nazione a emetterlo), ma dalla collettività su richiesta, senza che il creditore percepisca interessi, finché mantiene il credito e il diritto di rimborso immediato. L'interesse, ovviamente, può essere richiesto solo per i debiti che possono essere rimborsati, se mai, in una data futura, e non per quelli che il proprietario può essere rimborsato in qualsiasi momento ma sceglie di rimandare il pagamento.

Il credito monetario è una tassa

Ma, dal punto di vista della collettività, la moneta di credito è semplicemente una forma di prelievo forzoso o di tassa a cui è impossibile resistere, in quanto l'insieme di tali creditori non ha alcuna possibilità di scelta, come in altre forme di relazione debito-credito. Chiunque emetta moneta, sia esso lo Stato, una banca o un falsario, effettua un prelievo forzoso sui beni e sui servizi della nazione a cui i creditori esistenti, in qualità di proprietari di denaro, rinunciano attraverso la corrispondente riduzione del valore di ogni unità del loro denaro. Quando la tassazione, o altra forma di espropriazione della proprietà degli individui da parte dello Stato, ha prodotto tutto ciò che questi ultimi possono essere costretti a cedere, l'ultima risorsa dell'esattore - ed è del tutto ineludibile - è l'emissione di nuova moneta, che può essere continuata fino a quando l'intera moneta non è ridotta a un valore relativo. In questo modo, naturalmente, dopo la guerra le nazioni sconfitte, Russia, Germania e Austria, hanno raccolto entrate quando non erano possibili altri mezzi, e allo stesso tempo hanno ripudiato tutti i debiti preesistenti nella misura in cui erano rimborsabili in denaro.

Molti, senza dubbio, finché non avranno acquisito familiarità, metteranno in dubbio l'uso o la necessità di questa concezione della ricchezza virtuale e riterranno che non spieghi realmente il valore del denaro. Ai singoli può sembrare un'inversione pittoresca e sofisticata dell'uso comune. È invece il primo passo per invertire l'inversione indotta nelle abitudini di pensiero delle persone dal considerare il denaro come il fattore primario definito e importante, e la ricchezza che esso acquisterà come conseguenza o proprietà intrinseca del denaro. È la ricchezza a cui tutte le persone devono involontariamente rinunciare, il fattore primario che conferisce al denaro il potere di acquistare. Se tutti si rifiutassero di fare a meno di qualcosa in cambio del denaro e reclamassero tutta la ricchezza a cui hanno legalmente diritto, ci sarebbero solo compratori ma nessun venditore, e nessuna ricchezza in grado di soddisfare anche uno solo di loro. Nella misura in cui il denaro può incorporare o essere "sostenuto" da un materiale di valore, che può essere recuperato distruggendolo come denaro, c'è molto da soddisfare, ma nella misura in cui si tratta di puro denaro di credito non c'è assolutamente nulla.

Denaro "sostenuto"

Se consideriamo una forma intermedia come una cartamoneta "sostenuta" da un deposito di qualche tipo di titolo legale, allora dietro a un tipo di debito, il denaro, c'è un altro tipo di debito che il proprietario esistente può essere legalmente costretto a cedere. Questo potrebbe poi essere scambiabile con la ricchezza di cui il proprietario ha bisogno, in modo simile, ma meno semplice, a quello del denaro. Ma in questo caso sarebbe ancora vero che la ricchezza a cui il proprietario del denaro ha rinunciato e per cui è debitore non esiste. Infatti, i titoli "dietro" questo tipo di denaro sono già in possesso dei proprietari, e il processo è solo l'espropriazione forzata della loro proprietà per recuperare un debito ripudiato. Secondo le parole di Ruskin, "la radice e la regola di tutta l'economia è che ciò che una persona ha, un'altra non può avere", e i peggiori errori dell'economista convenzionale ordinario si scopriranno essere nati dal tentativo di contare due volte su una proprietà con due proprietari, dove, come in questo caso, i diritti dell'uno iniziano solo quando quelli dell'altro finiscono.

Il denaro come rivendicazione di ciò che non esiste

La caratteristica essenziale del denaro è, come McLeod ha ben compreso, che si tratta di una rivendicazione legale di ricchezza *al là* della ricchezza esistente, che in una società individualista è *già* tutta di proprietà di altri indipendentemente da questa rivendicazione. Anche nel caso di una moneta d'oro che reca l'impronta della nazione o del suo sovrano è abbastanza consueto e più vicino alla verità considerare l'oro come proprietà della nazione o del sovrano piuttosto che del singolo proprietario della moneta. Così, senza alcuna eccezione reale, si giunge alla conclusione che, al di là di tutte le proprietà esistenti, che hanno già dei proprietari, i proprietari di denaro hanno diritto a ciò a cui hanno rinunciato, ma ciò a cui hanno rinunciato in realtà non esiste. La migliore analogia fisica è quella di considerare la ricchezza di una comunità come calcolata non a partire dallo zero di "nessuna ricchezza", ma da una linea di riferimento negativa al di sotto di essa per l'ammontare della Ricchezza Virtuale, proprio come per scopi di indagini speciali può essere conveniente calcolare il livello non dal livello medio del mare come di consueto, ma da qualche livello al di sotto di esso, come, ad esempio, il livello più basso delle maree. Non esiste un vero e proprio mistero sul denaro, come sui fenomeni psichici, ma solo una sorta di misticismo matematico spurio introdotto dall'invenzione per calcolare quantità negative immaginarie che sono del tutto legittime se si comprende la natura della convenzione. Purtroppo non è così.

Il livello dei prezzi

A tutti i fini pratici, la Ricchezza Virtuale in ogni istante è "misurata" (*in valore monetario!*) dall'aggregato di denaro. Se quest'ultimo è di mille milioni, la comunità si astiene volontariamente dal possedere una proprietà di mille milioni che ha il diritto di possedere e non possiede. Oggi la quantità di denaro non è stabile. Varia selvaggiamente da un minuto all'altro della giornata lavorativa. Da un anno all'altro può essere arbitrariamente variata all'interno dell'anno di centinaia di milioni per adattarsi a qualche "politica" volta ad aumentare o diminuire il valore dell'unità. Tuttavia, non è la Ricchezza Virtuale a cambiare, che è una quantità molto conservativa, poiché è dettata dalle necessità e dalle abitudini della gente, che solo loro possono cambiare. Ma essendo la Ricchezza Virtuale sempre suddivisa in un numero maggiore o minore di unità, il livello del prezzo o il valore di ogni unità varia proporzionalmente all'aggregato del denaro, considerato come un fattore operativo indipendente. D'altra parte, normalmente in questi giorni di continua espansione, per periodi sufficientemente lunghi c'è e dovrebbe esserci un costante e graduale apprezzamento del valore della Ricchezza Virtuale, sia a causa dell'aumento della popolazione sia a causa dell'aumento del tenore di vita. Se in un sistema di moneta-credito non si tiene il passo con l'emissione di una corrispondente quantità di denaro, si ha la paralisi provocata da un livello dei prezzi in continua discesa e la rovina dei produttori nell'interesse dei rentier.

Ma, come apparirà in seguito, è assolutamente essenziale per lo scopo che venga emesso liberamente come dono alla nazione, che cede gratuitamente i beni e i servizi che vale, e poi solo *dopo che* l'aumento della prosperità si è verificato quando i beni senza denaro per acquistarli sono effettivamente in attesa di essere venduti. Se, come in passato, viene emesso come debito verso le banche affinché i produttori acquistino beni e servizi da affondare nella nuova produzione, oltre a rendere l'emittente del denaro il re non incoronato, non può essere emesso senza aumentare il livello dei prezzi. La prova generale di buon senso di quest'ultima conseguenza è che non si influisce di una virgola sui processi fisici con cui si crea nuova ricchezza, ma solo su quelli con cui si distribuisce la ricchezza esistente tra i vari richiedenti e proprietari. È sorprendente, ma comunque in linea con l'epoca che sta passando, che fino a poco tempo fa fosse comune attribuire al "mistero morale del credito" e alle virtù peculiari del sistema bancario britannico l'espansione della ricchezza dovuta alla crescita della conoscenza. Così gli "ortodossi" sono caduti nello stesso errore che amavano e amano attribuire ad altri riformatori, soprattutto monetari, ossia l'assurdità di pensare che tutti potessero arricchirsi con la stampa e "armeggiando con la moneta".

Il denaro dal punto di vista dell'emittente

Finora ci siamo occupati del denaro come strumento pubblico che sostituisce il baratto e abbiamo ricondotto l'essenza dell'invenzione al fatto che esso consente a coloro che dispongono di beni e servizi di cederli liberamente per nulla, con la garanzia più o meno certa che, come *contropartita*, essi diventino a loro volta autorizzati a ricevere da altri beni e servizi alle stesse condizioni, man mano che ne hanno bisogno. Ora dobbiamo guardare al denaro dal punto di vista di coloro che lo hanno esposto finora, per i quali il denaro è il *qualcosa* per *niente* prima che qualcuno possa ottenere *qualcosa*, come lo è per coloro che lo emettono in prima istanza. Per queste persone fortunate il criterio di ciò che è o non è veramente denaro sembrava dipendere da sottili gradi di accettabilità generale. Di solito si tracciava una linea di demarcazione immaginaria tra la banconota e l'assegno, sulla base del fatto che, sebbene entrambi fossero in realtà richieste di denaro alla banca (cosa che in questo paese non è più vera nemmeno per la prima), tuttavia la banconota era diventata per consuetudine generalmente accettabile, chiunque la presentasse, mentre l'assegno lo era solo se offerto dalla persona a cui era stato emesso o da un'altra persona da essa autorizzata.

Tutto questo, dal punto di vista del pubblico che usa il denaro per i suoi scopi legittimi e passa la maggior parte della sua vita a lottare per non rimanerne senza, è un puro sofisma, mentre dal punto di vista accademico l'analisi è del tutto superficiale. Dal dopoguerra, è piacevole notare che anche gli ortodossi ammettono, per quanto si possa dire che l'assegno non è veramente denaro, che non si può contestare che i depositi in banca su cui l'assegno può essere emesso, e che sono nati come risultato dell'invenzione del sistema degli assegni, sono certamente denaro. Senza dubbio, grazie in parte all'esistenza dei riformatori monetari e al ridicolo che hanno gettato su questi shibboleth che sono o erano il cavallo di battaglia dei loro avversari, ma, ancor di più, alle quasi incredibili gaffe e confusioni perpetrate dal dopoguerra in poi in nome della "sana finanza", l'opinione pubblica è oggi troppo consapevole degli interessi diametralmente opposti di coloro che vivono creando e distruggendo denaro e di coloro che devono acquistarlo per poter vivere, per lasciarsi ingannare ancora da tali evasioni.

Il denaro non è più un gettone tangibile

La distinzione tra ciò che ha un'esistenza fisica e tangibile, come le monete e le banconote, e ciò che non ce l'ha, come i depositi bancari, è molto sinistra e pericolosa, ma non si tratta di una distinzione tra ciò che è denaro e ciò che non lo è. Un diritto legale di azione contro una banca per la fornitura di denaro su richiesta di è, per il proprietario, efficace quanto il denaro stesso e di solito più conveniente. Non è di grande importanza che la banca sia in grado di annullare, con il sistema degli assegni, la maggior parte degli assegni emessi su di essa rispetto a quelli versati, in modo da fare a meno del denaro tangibile, tranne che per la differenza tra i due importi. In questo modo si sostituisce semplicemente a un sistema automatico di contabilità tramite contatori fisici un sistema di contabilità clericale che è fraudolento perché non parte da zero ma da un valore negativo *che varia continuamente.*

Il denaro è un diritto di azione nei confronti della collettività per la fornitura di *beni e servizi* o, ciò che è la stessa cosa, per l'estinzione del debito contratto per ottenerli dal venditore, così che un diritto di azione nei confronti di una banca per la fornitura di denaro su richiesta è un diritto di azione *nei confronti della collettività* per la fornitura di beni e servizi su richiesta. Ogni persona comune, ovviamente, sa che il denaro è un diritto sui beni e non ha alcuna importanza pratica se, in teoria, deve reclamare tale diritto da una banca prima di poter reclamare i beni. Si potrebbe anche sostenere che una bicicletta lasciata in un guardaroba non è una bicicletta, ma un diritto di azione contro la compagnia ferroviaria per la fornitura di una bicicletta. La distinzione estremamente sinistra e pericolosa non si riferisce all'aspetto solitamente sottolineato, né a quello finora sottolineato in questo capitolo, ma piuttosto all'origine del denaro e, se viene distrutto, alla sua distruzione.

La definizione di denaro moderno con cui abbiamo iniziato chiarisce che, prima che possa nascere, qualcuno deve cedere qualcosa per nulla all'emittente, e l'aggregato che la comunità cede in questo modo è chiamato Ricchezza Virtuale della comunità. Nel caso di una moneta d'oro o d'argento di valore pieno, l'emittente deve anche rinunciare al valore pieno della moneta, ma la rende, mentre viene usata come denaro, solo un pegno altrimenti inutile, con il risultato che tutti gli sforzi compiuti per conquistare i metalli preziosi usati come denaro vengono di fatto sprecati. Ma nell'emissione di ogni altra forma di denaro l'emittente deve ottenere qualcosa gratuitamente.

Passaggio dal baratto al credito-denaro

È facile rendersene conto se supponiamo che una comunità che pratica il baratto o che utilizza una moneta d'oro puramente di scambio passi improvvisamente a un sistema di credito. Sarebbe simile all'inizio di un gioco con il denaro con un pool comune, in cui ciascuno dei giocatori prima di avere diritto a giocare deve contribuire al pool con una somma di denaro, tranne che, invece del denaro, in un caso le merci o altri beni scambiabili e nell'altro le monete d'oro, ora ritirate e tornate alla loro funzione originaria di merce, verrebbero versate nel pool in cambio di ricevute sotto forma della nuova moneta di credito-debito. La conseguenza sarebbe che il croupier, o l'autorità incaricata del pool, deterrebbe in via fiduciaria per la comunità varie forme di proprietà pari alla Ricchezza Virtuale della comunità. Ma poiché non c'è alcuna intenzione di chiudere il sistema monetario in futuro, è chiaro che tutta questa ricchezza effettiva, pari alla Ricchezza Virtuale in valore, rimarrebbe permanentemente nel pool. Se la comunità prospera e si espande, il pool tenderà naturalmente a crescere e non a diminuire, grazie al fatto che le persone aumentano la loro Ricchezza Virtuale e cedono l'equivalente ricchezza reale in cambio delle ricevute che sono denaro. Può diminuire solo se la comunità diminuisce di numero o di benessere e può ridursi a zero solo se la comunità cessa di esistere.

Si verificherebbe quindi la situazione che la professione bancaria ha scoperto per prima e mantenuto come segreto commerciale. Essi agirono come croupier e ricevettero l'oro del pubblico consegnato loro volontariamente in prestito o in deposito, emettendo per esso banconote che erano al tempo stesso ricevute per l'oro ceduto e promesse di restituirlo su richiesta. Poi queste banconote cominciarono a circolare come denaro. All'inizio, per ogni banconota che rimaneva in circolazione, l'oro giaceva inutilizzato nelle loro casseforti, e in media detenevano sempre una quantità d'oro molto maggiore di quella sufficiente a ripagare coloro che, invece di usare le banconote per pagare i loro debiti, chiedevano indietro l'oro alla banca. Questa situazione non durò a lungo, perché, naturalmente, iniziarono a prestare parte dell'oro a interesse a chi lo prendeva in prestito in modo sicuro, conservandone solo una quantità sufficiente a soddisfare i clienti che lo richiedevano. La situazione era quindi che le banche dovevano ai loro depositanti più oro di quanto potessero restituire in qualsiasi momento, ma erano a loro volta debitrici di altrettanto oro da parte di coloro a cui lo *avevano* prestato e avevano l'obbligo di restituirlo in futuro. Ma anche questo non durò a lungo.

Il passo falso

È questo passo successivo che inaugura il denaro nel suo attuale senso moderno, in cui è un'invenzione essenzialmente nuova, e tutti i passi successivi sono solo elaborazioni dell'originale. Infatti, i banchieri cominciarono presto a prestare non oro, ma le proprie banconote, o promesse di restituzione di oro che né loro né i loro depositanti possedevano. Anche se l'oro esisteva, era di proprietà e in possesso di altre persone completamente estranee alla loro attività. La situazione, quindi, supponendo che prestassero solo banconote e non oro, mantenendo quest'ultimo come "garanzia" per la loro emissione di banconote, era che erano debitrici di oro nella misura dei "depositi" dei loro clienti più l'emissione di banconote in circolazione, che si impegnavano a riscattare in oro se fosse stata loro restituita, e a fronte del debito detenevano il supporto aureo nei loro caveau e i titoli o le "garanzie" dei loro mutuatari, cioè di coloro ai quali avevano prestato banconote (promesse di pagamento in oro), ma dai quali, naturalmente, avrebbero dovuto accettare le loro stesse banconote per ripagare il debito se presentate al posto dell'oro.

Questa è l'origine del denaro moderno, come niente in cambio di qualcosa da parte del legittimo utilizzatore; come qualcosa in cambio di niente da parte dell'emittente; e come qualcosa in cambio di una promessa di restituzione da parte del mutuatario, con una garanzia sufficiente a cui l'emittente ha trasferito l'acquisizione del qualcosa maturato *gratuitamente* dall'emissione. È tutto molto facile da capire dal punto di vista della Ricchezza Virtuale, e della necessità che l'insieme degli individui della comunità debba rinunciare a nulla ed essere permanentemente debitore di una parte dei propri beni se vuole evitare il baratto o una moneta di scambio. Se fin dall'inizio la creazione di denaro fosse stata mantenuta, come avrebbe dovuto essere, come prerogativa dello Stato, la storia travagliata degli ultimi due secoli e l'imminente dissociazione dell'intera civiltà occidentale non si sarebbero mai verificate. Ma solo il banchiere conosceva questo aspetto del denaro, e per molto tempo lo ha tenuto come l'alto segreto del suo mestiere. Ma non è più un segreto.

Perché era falso?

Perché è così vitale per la sicurezza del regno che la moneta, e in particolare la moneta creditizia, sia prerogativa della Corona, in quanto autorità centrale che rappresenta l'intera nazione ? Le ragioni sono numerose, ma la più fondamentale appare evidente se consideriamo ancora una volta la fase precedente, che rappresenta l'invenzione del denaro moderno nel senso definito. Una nuova moneta è stata creata dalle banche grazie a persone impegnate nell'industria che contraggono debiti con le banche *che non possono essere ripagati se non distruggendo quella moneta*, perché non c'è nient'altro con cui ripagarla. Quando i mutuatari delle banche devono ripagare, devono trovare o l'oro, che per quanto i banchieri sapessero o si preoccupassero non esisteva fisicamente, o le banconote dei banchieri stessi. Queste banconote non venivano regalate. L'importo dell'emissione è l'importo dovuto alla banca. Con l'emissione di nuova moneta si crea un debito nei confronti della banca e con la restituzione del debito si distrugge nuovamente il denaro. Chiaramente, molto prima che una parte consistente possa essere rimborsata, dovrà verificarsi una carenza di denaro e tutti i debitori rimanenti saranno fisicamente incapaci di ottenere il denaro, cioè di vendere i loro prodotti o manifatture a qualsiasi prezzo.

Il banchiere come sovrano

Da quell'invenzione nasce l'era moderna del banchiere come sovrano. Da allora il mondo intero era suo. Grazie al lavoro di scienziati puri furono stabilite le leggi di conservazione della materia e dell'energia e furono creati nuovi modi di vita che dipendevano dalla sprezzante negazione di aspirazioni primitive e puerili come il moto perpetuo e la possibilità di ottenere davvero qualcosa per niente. L'intera meravigliosa civiltà che è scaturita da questa base fisica è stata consegnata, con tutte le carte in regola, a coloro che non potevano dare e non hanno dato al mondo nemmeno un boccone senza prima derubare qualcun altro. L'industria e l'agricoltura, produttori della ricchezza positiva in virtù della quale le comunità vivono, possono espandersi solo indebitandosi sempre di più con le banche. Sono stati ridotti in schiavitù permanente e ineluttabile da una sottile e, al suo posto, utile forma di contabilità che continua a contare al di sotto del livello in cui c'è qualcosa da contare. Gli abili creatori di ricchezza sono ora diventati falciatori di legna e attrattori d'acqua per i creatori di debito, che hanno fatto in segreto esattamente ciò che hanno condannato in pubblico come finanza insana e immorale e si sono sempre rifiutati di permettere ai governi e alle nazioni di farlo apertamente e in modo trasparente. Questa, senza esagerazione, è la più grande farsa che la storia abbia mai messo in scena.

I profitti dell'emissione di denaro

Abbiamo lasciato la nostra ipotetica comunità passare improvvisamente dal baratto alla moneta di credito-debito, con l'autorità centrale di emissione in possesso di oro e di altri beni di valore pari alla Ricchezza Virtuale della comunità, e quest'ultima in possesso invece delle ricevute di ciò a cui aveva rinunciato che le serviranno in futuro per sempre come denaro. È chiaro che l'intero stock di beni di valore in possesso dell'emittente non può essere lasciato in pratica come "supporto" per il denaro. Tutto, se inutilizzato, tranne l'oro e i gioielli, marcirebbe. Poiché non c'è abbastanza di queste forme imperiture di ricchezza per servire da moneta, è inutile relegare tutto ciò che c'è al totale spreco di un'incarcerazione permanente in camere blindate e caveau, come parziale garanzia di un debito che non potrà mai essere ripagato se non con il ritorno della comunità al primitivo sistema di baratto che ha superato. Basta il buon senso per suggerire di utilizzarlo tutto in una volta per gli scopi generali della comunità di , finanziando con questo deposito parte delle spese pubbliche necessarie, che altrimenti dovrebbero essere coperte dalla tassazione. Man mano che la ricchezza virtuale della comunità cresce, l'ulteriore ricchezza a cui deve rinunciare per l'ulteriore nuovo denaro di cui ha bisogno dovrebbe essere destinata allo stesso scopo.

Molte persone che iniziano lo studio del denaro sopravvalutano le somme che possono essere ottenute dalla comunità in cambio di nulla con la sua emissione. Si suggerisce addirittura che la tassazione potrebbe essere interamente soddisfatta in questo modo e che ne rimarrebbe ancora un po' per la distribuzione gratuita! Ma le somme ottenibili *gratuitamente* non sono tali da mettere in imbarazzo nessun governo moderno! Sebbene siano ingenti dal punto di vista del singolo individuo, sono piccole se paragonate all'entità della spesa nazionale. Da più parti sono state avanzate vivaci speranze di ottenere dividendi nazionali con questo nuovo denaro, ma queste sembrano dipendere da semplici errori sulla natura di un sistema monetario reale o, addirittura, concepibile. Una data quantità di denaro continuerà normalmente a distribuire beni e servizi *per sempre* a un tasso costante se il livello dei prezzi rimane invariato, in modo che la quantità totale di beni e servizi che trasmetterà dalla produzione al consumo e all'uso sia illimitata. Non è possibile emettere nuova moneta a meno che non si verifichi un aumento del tasso di produzione. Solo quando *il tasso* di produzione e di consumo aumenta, cioè quando aumentano le quantità di ricchezza prodotte e consumate all'anno, o in qualsiasi altra unità di tempo, è necessario emettere proporzionalmente più denaro se il livello dei prezzi deve rimanere invariato.

Denaro indistruttibile senza esproprio

È assurdo supporre che possa essere distrutta "quando ha fatto il suo lavoro". Non può essere distrutto senza che il suo proprietario venga espropriato dei suoi diritti su beni e servizi. La facilità con cui le banche possono distruggere il denaro, oltre che crearlo, dipende dal fatto che questo denaro non viene affatto regalato, ma solo prestato, e il denaro di credito che è stato creato per il mutuatario viene automaticamente espropriato di nuovo da lui e scompare dall'esistenza quando ripaga il prestito. Mentre il suggerimento di pagare i dividendi nazionali con tali crediti non contempla affatto il prestito di denaro, ma la sua cessione, e tali rivendicazioni di ricchezza non possono essere distrutte di nuovo se non attraverso la tassazione, o qualche altra forma di espropriazione, che costringa il proprietario a consegnare per la distruzione il denaro così emesso. È davvero sorprendente come alcune persone siano ancora pronte a credere nella magia.

Non si sostiene, ovviamente, che i profitti dell'emissione di nuova moneta non potrebbero essere distribuiti ai consumatori come dividendo nazionale, ma solo che l'importo non sarebbe affatto conveniente, dal momento che praticamente ogni consumatore paga già molto di più in tasse di quanto potrebbe sperare di ricevere da una simile fonte. Sembrerebbe più naturale utilizzare i profitti dell'emissione di nuova moneta di credito per il sollievo generale dei contribuenti. Ma le quantità totali di denaro che sono state emesse privatamente in passato, se applicate ora allo sgravio del contribuente, produrrebbero una riduzione molto utile del suo onere, qualcosa come£ 2 per abitante all'anno. Una volta fatto questo, gli ulteriori importi annuali che sarebbero necessari in questo Paese, se distribuiti, sia come sgravio ai contribuenti che come dividendo nazionale, difficilmente potrebbero essere più di pochi scellini pro capite all'anno, cioè se il livello dei prezzi non deve essere aumentato. Se il livello dei prezzi non viene mantenuto costante, ma viene lasciato crescere continuamente fino a quando il denaro non diventa privo di valore, allora, naturalmente, non c'è alcun limite alla quantità di denaro che può essere distribuita come dividendo nazionale o emessa al posto dell'imposizione fiscale. Ma sostenere che si possa emettere un dividendo nazionale di valore e che si possa impedire l'aumento dei prezzi con provvedimenti legali è oggi assurdo. Perché tutto ciò che si ottiene *gratuitamente* deve essere esattamente compensato nella nuova economia da altri che ne fanno a meno, cioè che *trattengono* senza spendere più denaro di prima grazie alla quantità extra emessa. Devono farlo in ogni caso, ma se questo significhi che stanno volontariamente rinunciando a più ricchezza di prima è una questione di livello dei prezzi. Se non possono permettersi di farlo, il livello dei prezzi aumenterà e il denaro varrà meno.

CAPITOLO III

L'EVOLUZIONE DEL DENARO MODERNO

L'origine dell'assegno

L'invenzione dell'assegno è antecedente a quella della banconota, originariamente una promessa di pagamento di oro su richiesta. Era consuetudine che i mercanti che avevano depositato l'oro per custodirlo presso gli orafi, i creatori della "banca" come viene ancora chiamata, scrivessero un ordine o un'istruzione per consegnare una certa quantità del loro oro a una persona diversa da loro, indicata nell'ordine, che, presentandolo e avallandolo come prova dell'avvenuta esecuzione, veniva pagata. Si trattava di un mezzo per regolare i conti con i creditori, incaricando il custode dei fondi dei debitori di saldarli senza che i debitori stessi dovessero prelevare il denaro, esattamente come l'assegno moderno.

Fin dall'inizio, tuttavia, i banchieri svilupparono la banconota, che era un potente mezzo per diffondere la loro reputazione di onestà e affidabilità in tutta la comunità. La gente si rese conto che, se lo desiderava, poteva sempre cambiare le banconote in oro presso la banca, e si abituò ad accettarle chiunque le offrisse in pagamento, e a non cambiarle in oro sul sito della banca se non per motivi particolari, come quando si andava all'estero, mentre il nome del traente di un assegno era noto a un numero relativamente ristretto di persone e quindi non aveva lo stesso grado di accettabilità generale della banconota come forma di denaro. L'onestà e l'affidabilità significavano allora la capacità di dare l'oro in cambio della carta quando veniva richiesto. A quel tempo era ciò che contava di più e non c'è dubbio che il primo banchiere sia stato un benefattore sociale nell'inventare un mezzo di scambio a credito quando l'oro non bastava più. Questo tipo di banchiere all'antica sarebbe inorridito dal terribile potere che ha messo in mani meno scrupolose.

Era interesse diretto delle banche fare in modo che le imitazioni contraffatte delle loro banconote venissero prontamente individuate e tolte dalla circolazione, e che coloro che le emettevano venissero rintracciati e severamente puniti per aver fatto, come appare ora, qualcosa di socialmente molto meno pericoloso, nelle sue conseguenze finali, di ciò che i banchieri stessi stavano facendo. Ma a quel punto dell'evoluzione del denaro non si capiva l'impossibilità fisica di ripagare i debiti che si erano premurati di creare a tale scopo, e il pubblico era ancora fermamente convinto che la convertibilità della carta nel suo valore nominale di metallo prezioso costituisse la moneta della banconota. Invece la carta stessa era denaro perché il proprietario aveva rinunciato a quel valore di beni e servizi per acquistarla, e aveva quindi diritto a un valore equivalente in cambio. Gli interessi di tutti gli emittenti di denaro, tuttavia, continuarono a propagandare con tutti i mezzi a loro disposizione, in rapida crescita, l'altro punto di vista. Per questo motivo, loro e i politici pensavano che si sarebbe scatenato un putiferio quando allo scoppio della guerra entrò in vigore il piano di ritiro di tutto l'oro e di sostituzione con una pura moneta di credito. Ma non c'è stato alcun clamore, anzi la maggior parte delle persone ha preferito le nuove banconote di carta alle sovrane d'oro. Né vi è stata alcuna giustificazione, dal punto di vista del pregiudizio pubblico , per i persistenti e rovinosamente infruttuosi tentativi del dopoguerra di tornare all'oro. Ciò che il pubblico vuole è un indice dei prezzi costante, in modo che il valore del denaro rimanga stabile nei beni e nei servizi. Questo non si può avere, come vedremo, senza distruggere il "sistema bancario" come lo si intende oggi. Qui, come sempre, bisogna distinguere molto nettamente tra gli interessi del pubblico e quelli dei suoi veri governanti; e finora la democrazia non ha mai avuto un governo che potesse fidarsi di governare indipendentemente dal potere monetario.

Regolamentazione governativa delle "banche"

Ma anche se il pubblico era seducentemente protetto, nell'interesse delle banche, dai falsari, non era protetto dai fallimenti delle banche nel riscattare le loro promesse impossibili, che divennero così frequenti e causarono una rovina così diffusa da mettere a repentaglio l'intero sistema monetario in questa fase di transizione. Le ragioni erano molteplici. Il governo, avendo permesso in prima istanza alle banche di usurpare la loro prerogativa di creare denaro, invece di crearlo lui stesso, cercò in tutti i modi di ostacolarle e impedirle. Almeno per quanto riguarda le banche nazionali e commerciali, esse erano sospettose e ostili alle innovazioni che sembravano andare contro il normale standard di moralità commerciale e costituire una nuova forma di contraffazione. Ma per quanto riguarda loro stessi si comportarono diversamente. Invece di emettere essi stessi moneta sufficiente, favorirono e autorizzarono sempre più una banca, la Banca d'Inghilterra, ad agire per loro in cambio della raccolta di entrate per scopi governativi. Questa banca fu fondata nel 1694 sotto il regno di Guglielmo III, sul modello delle precedenti banche italiane, per fornire fondi al governo, e dapprima prestò denaro a interesse in cambio del permesso di emettere banconote di pari importo, e presto fu ricompensata con il monopolio dell'emissione di banconote, riscattabili in moneta d'oro su richiesta, che durò fino al 1709. Dalla sua genesi a oggi non è mai stata una banca della nazione inglese, ma una banca che fornisce al governo denaro principalmente per le spese di guerra - un'arma che il governo può usare, e usa, contro il popolo. Ma da banca dei banchieri è diventata quasi il governo del governo.

Al di fuori di questo obiettivo, la regolamentazione statale delle "banche" è stata restrittiva. Apparentemente diretta a proteggere il pubblico da truffe da parte di banche disoneste e poco solide, ha reso la posizione dei banchieri onesti, e quindi di mentalità sociale, così precaria da rendere quasi inevitabile il loro fallimento e la conseguente rovina di commercianti e persone che operano nel settore. Questa politica culminò nel Bank Charter Act di Sir Robert Peel del 1844, che nominalmente fissò il sistema monetario di questo Paese fino alla guerra, ma attraverso il quale le banche scoprirono presto di poter guidare una carrozza e quattro. La legge limitava e infine estingueva l'emissione di banconote in Inghilterra, tranne che da parte della Banca d'Inghilterra, limitando l'emissione di quest'ultima a quattordici milioni oltre la riserva aurea (la cosiddetta emissione fiduciaria, perché si supponeva fosse fondata sulla fiducia del pubblico piuttosto che sulle sue necessità). In questo modo, si limitò di fatto l'espansione della moneta in banconote e il risultato fu che l'assegno, dapprima segretamente, prese il posto della banconota come mezzo di creazione di nuova moneta e divenne ben presto la forma più preponderante di mezzo di scambio creditizio.

Prestito di libretti per assegni

Invece di stampare e prestare banconote, un'ovvia creazione di denaro, si sviluppò questa forma di emissione molto più insidiosa e pericolosa. Al mutuatario senza denaro fu permesso di emettere assegni proprio come se avesse del denaro e di creare uno scoperto in banca. Il bilancio della banca veniva falsificato in modo che fosse ancora in equilibrio. Infatti, da un lato si accreditava all'individuo la somma limite fino alla quale era autorizzato a prelevare e dall'altro la stessa somma come debito dell'individuo nei confronti della banca. Naturalmente, come sempre, prima di concedere il privilegio era necessario depositare presso la banca una garanzia sostanziale o "collaterale", di valore notevolmente superiore all'importo dello scoperto, per fornire un ampio margine di sicurezza alla banca. In caso di inadempienza del debitore, una vendita forzata della garanzia recuperava dal pubblico le somme che il debitore era autorizzato a mettere in circolazione grazie allo scoperto. In tali circostanze non ci si poteva aspettare che il titolo ottenesse il suo valore reale. Inoltre, poiché tali liquidazioni avvengono in tempi di fallimento, quando il denaro è scarso e i prezzi bassi, mentre i "prestiti" sono richiesti in tempi di boom, quando il denaro è abbondante e i prezzi alti, le banche hanno potuto acquistare titoli di valore a prezzi di vendita forzata. Bastava che tenessero i titoli fino al ritorno della "fiducia", quando riemettevano il denaro che avevano richiamato in modo che fosse di nuovo abbondante, per ricavarne molto di più di quanto avessero guadagnato quando erano stati venduti per recuperare dal pubblico il denaro che lo scoperto aveva messo in circolazione. È importante rendersi conto che, comunque vada, per la banca si tratta di un caso di "testa vinco io, croce perdi tu". Inoltre, il denaro in cui vengono ripagate le banche vale mediamente di più, in termini di beni, di quello che creano per prestare.

In sostanza, non c'era nulla di nuovo o di diverso, in linea di principio, dal prestito di "promesse di pagamento in oro" invece che dell'oro stesso, se non che le banche evitavano la necessità di rilasciare ricevute stampate per i beni e i servizi che i loro mutuatari ottenevano in cambio di nulla, e c'era una creazione segreta invece che aperta di denaro. Invece di prestare banconote, le banche, in effetti, ora prestano libretti di assegni e il diritto di emettere assegni fino a somme limitate rispetto a quelle possedute dal mutuatario. Per quasi un secolo, fino a quando le rivelazioni della guerra non hanno reso impossibile nascondere la verità al grande pubblico, i banchieri hanno negato con fermezza di creare denaro, sostenendo che stavano semplicemente prestando i depositi che i loro clienti non utilizzavano. Il presidente della Banca di Montreal, non più tardi di un anno fa, ha continuato a ripeterlo, ma, più vicino al centro delle cose, tutto questo era noto e ammesso dagli ortodossi apologeti di questo mostruoso sistema già prima della guerra, di solito con qualche frase bugiarda come "Ogni prestito crea un deposito"

Prestiti veri e fittizi

Infatti, un prestito, se è un vero prestito, *non* crea un deposito, perché ciò che il mutuatario ottiene lo cede al mutuante, e non c'è un aumento della quantità di denaro, ma solo un'alterazione dell'identità dei singoli proprietari. Ma se il mutuante non rinuncia affatto, ciò che il mutuatario riceve è una nuova emissione di denaro e la quantità aumenta in proporzione. La vera natura di questa ridicola procedura è stata così elaborata e confusa da alcuni dei più intelligenti e abili sostenitori che il mondo abbia mai conosciuto, che rimane ancora un mistero per la gente comune, che si ferma a guardare e confessa di non essere "in grado di capire la finanza". Ma se, invece di cercare di risolvere il problema sulla base di "cosa si ottiene in cambio di denaro", queste persone invertono la procedura, come in questo libro, e lo fanno sulla base di "cosa si rinuncia in cambio di denaro", il trucco è abbastanza chiaro.

Depositi in conto corrente

I depositi in conto corrente rappresentano, in unità monetarie di valore, ciò a cui i proprietari hanno rinunciato in termini di beni e servizi per acquisire questi diritti a beni e servizi equivalenti su richiesta. Nella misura in cui uno spende il suo denaro, un altro lo riceve, o nella misura in cui uno riceve i beni e i servizi che gli sono dovuti, un altro li cede e se li fa accreditare. Con i veri "depositi a tempo", invece, la situazione è ben diversa, anche se la prassi bancaria è stata orientata a minimizzare la distinzione. In un sistema monetario onesto questa differenza verrebbe sottolineata come essenziale per una contabilità accurata. Tuttavia, si tratta di una questione troppo importante per essere affrontata incidentalmente e la sua considerazione sarà rimandata. In questa sede ci limiteremo a discutere dei depositi in conto corrente.

L'insieme dei conti-assegni, esclusi i veri depositi a termine, rappresenta in unità di valore monetario, come detto, ciò che i proprietari di denaro (*non* i mutuatari) che trattano con le banche devono su richiesta in beni e servizi dalla nazione in cui il denaro ha corso legale. Queste enormi somme di denaro sono interamente create dalla banca in prima istanza. Quando la banca finge di prestare il proprio denaro, non riduce di una virgola l'ammontare dei crediti dei proprietari verso beni e servizi su richiesta. Non li informa che non possono più prelevare il denaro perché è stato prestato ad altri! In cambio degli assegni che le banche autorizzano i loro mutuatari a emettere, creano tra la massa dei venditori di beni e servizi *nuovi* crediti nei confronti della comunità per i beni e i servizi. Quando questi assegni vengono versati sui conti dei venditori, creano nuovi depositi presso le banche. Quando i mutuatari rimborsano i loro prestiti e pareggiano i loro conti, prelevano denaro a tale scopo da coloro ai quali vendono beni e servizi e, annullando i loro scoperti, questo denaro scompare dall'esistenza, in modo altrettanto inspiegabile di come è apparso. Se riusciamo a immaginare l'impossibile, cioè che riescano a liberarsi dal loro debito con le banche, ogni centesimo rimasto varrebbe mezza corona e le persone che guadagnano £3 alla settimana otterrebbero 2 centesimi alla settimana.

Perché la moneta-assegno è preferita ai gettoni

Basta sostituire i contatori o le ricevute fisiche per dimostrare la totale disonestà della contabilità. Infatti, se un uomo cede un gettone di denaro fisico, sia per prestarlo a qualcun altro che per comprare qualcosa con esso da qualcun altro, per lui è finita. Non potrà mai più prestarlo o spenderlo. Deve guadagnarne un altro o aspettare che il suo prestito scada prima di poterne riavere un altro da prestare o spendere. Ma un uomo che deposita il suo denaro su un conto corrente può prestarlo o spenderlo esattamente come se non lo avesse depositato affatto, utilizzando un assegno per l'importo, eppure è questo stesso denaro che la banca finge di prestare.

Lo standard d'oro

È necessario considerare molto brevemente i metodi ormai obsoleti con cui, fino alla guerra, la quantità di denaro esistente veniva mantenuta in quel perpetuo stato di flusso e riflusso noto come Ciclo del Commercio o Ciclo del Credito, rendendola convertibile in oro. I dettagli di questa "regolazione automatica che funziona a meraviglia" sono il cavallo di battaglia di tutti gli scrittori di moneta convenzionale prima della guerra, e non è il caso di dilungarsi. La quantità di denaro era regolata dal gold-standard. Quest'ultimo significava che il valore dell'unità monetaria in un gran numero di Paesi era mantenuto uguale a quello di un certo peso d'oro, rendendo il denaro in teoria sempre scambiabile con l'oro. In pratica, significava la crescita di una serie di nuove diavolerie che avevano come obiettivo la vanificazione di ogni tentativo di scambio con l'oro, non appena tale scambio cominciava a verificarsi. Poiché in tutto il mondo c'era oro a sufficienza solo per una misera frazione delle richieste d'oro che il facile metodo di prestito dei libretti degli assegni aveva fatto emergere, in nessun caso i banchieri dovevano essere scoperti. Tutti gli altri si sono fatti carico delle perdite. Boom o crollo, il banchiere prospera.

Era facile fissare il prezzo del denaro dell'oro, ma cosa fissava il prezzo delle merci dell'oro? Poiché l'oro aveva un prezzo fisso, il prezzo di ogni altra merce variava in relazione a quello fissato arbitrariamente. Il prezzo medio, o il livello del prezzo, durante il secolo scorso è variato enormemente. Ci sono stati cinque periodi ben marcati di cambiamento di valore in tutti i Paesi, dovuti a innumerevoli cause. Oltre alle influenze umane e psichiche, alcune di quelle fisiche più evidenti sono state la scoperta di miniere d'oro, l'invenzione di nuovi processi tecnici per l'estrazione dell'oro, il numero di paesi con monete d'oro rispetto a quelli con monete d'argento, e così via. Era molto peggio che standardizzare l'altezza del barometro , chiamarlo "bar", qualunque cosa fosse, ed esprimere tutte le lunghezze in termini di quello che il "bar" era in quel momento. La variazione del livello del prezzo in termini di oro era, tuttavia, di due o tre a uno. Ciò rende quasi trascurabile la variazione dell'altezza del barometro in termini di yard o della yard in termini di altezza del barometro, qualunque sia lo "standard".

La capacità delle banche di creare moneta senza rinunciare a nulla dipendeva dal fatto di avere sempre una quantità di moneta legale (convertibile in oro) sufficiente a soddisfare le richieste dei loro depositanti, cioè di coloro che avevano depositato denaro in "conto corrente". Il fattore di sicurezza è ora considerato pari a circa il dieci per cento, ma potrebbe non essere così elevato. Nessuno, a parte gli stessi banchieri, riesce a vedere, in un'epoca di potenziale abbondanza, il senso del loro tentativo di fare sempre il lavoro di £10 o più, quando in realtà hanno creato dei crediti nei confronti di altri nove che i proprietari devono solo chiedere per farli cadere nel panico e farli ululare al governo per una moratoria.

La procedura corretta

La cosa giusta da fare, ovviamente, sarebbe che il governo emettesse tante sterline quante sono le merci e i servizi a cui i cittadini hanno rinunciato *gratuitamente*, non un decimo, e che imponesse alle banche di detenere per sempre una sterlina di moneta nazionale per ogni sterlina presente nei conti correnti dei depositanti delle banche.

Da quando l'attività bancaria è diventata in realtà un'attività di conio, con l'emissione di libretti di assegni al posto delle banconote, le banche non sono mai state solvibili, ma hanno rischiato di dover interrompere i pagamenti non appena veniva loro richiesto più di un decimo del denaro (a corso legale) che dovevano ai loro correntisti. La misura proposta qui sopra le renderebbe solvibili per la prima volta nella fase moderna della loro storia. Essendo il denaro sempre nelle banche, si porrebbe fine alle frenetiche spedizioni di oro avanti e indietro, per aumentare il valore del denaro qui e deprimerlo là, per gettare improvvisamente sul mercato interno merci destinate all'esportazione e per svuotare altrettanto improvvisamente il mercato interno e spedire le merci all'estero, e a tutti gli espedienti nefasti e privi di scrupoli che, nel corso di un secolo di esperienza di questa coniazione privata segreta, sono stati inventati per mantenere il mondo povero e mantenere l'offerta di lavoratori indebitati in un'epoca di abbondanza.

Al di fuori di questa spiegazione reale, l'unica ragione apparente di tutto ciò è impedire ai cittadini di chiedere il denaro per il quale hanno dovuto rinunciare al valore equivalente in beni e servizi, ma per il quale il Governo ha finora omesso di emettere ricevute adeguate. È vero che il Governo non l'ha fatto perché non ha ancora ricevuto i beni e i servizi, ma gli operosi mutuatari hanno ricevuto il denaro e hanno inoltre fornito ampie garanzie collaterali per ogni sterlina che hanno preso in prestito. La proposta, quindi, è che il governo emetta il denaro necessario alle banche in cambio delle garanzie dei mutuatari, in modo che d'ora in poi questi ultimi non siano debitori delle banche, ma della nazione che, non le banche, ha fornito i beni. Possono quindi ripagare i loro debiti senza distruggere la moneta nazionale e senza che sia loro impossibile trovare il denaro per pagare. Infatti, man mano che i prestiti scadono e vengono rimborsati, il governo dovrebbe rimettere in circolazione il denaro (o nei depositi sterlina per sterlina degli utilizzatori di assegni) acquistando con esso titoli del Debito Nazionale e distruggendoli. In questo modo, un equivalente del Debito Nazionale fruttifero verrebbe distrutto per il Debito Nazionale non fruttifero che *è il* denaro. Per questo il denaro *è stato* emesso segretamente dalle banche attraverso il sistema degli assegni. Ciò è avvenuto quando il governo ha impedito loro di emettere banconote e ha cercato di limitare e controllare questa forma di moneta attraverso la Banca d'Inghilterra. È tempo che la legalità di queste operazioni venga verificata dai tribunali. È un curioso tipo di legge che rende l'emissione aperta di denaro un tradimento e la sua emissione segreta sotto un nome camuffato, come credito bancario, così immune da sanzioni che, fino a poco tempo fa, era tradimento anche solo metterne in dubbio la legalità. Ma tutto ciò è ormai superato.

Il ciclo del credito o del commercio

Fino allo scoppio della guerra, il sistema ha svolto il suo inevitabile ciclo in modo relativamente semplice, come segue.

I. Un periodo in cui l'aumento del denaro (attraverso l'emissione di prestiti bancari in media più numerosi di quelli che vengono rimborsati) avviene più rapidamente dell'aumento della ricchezza virtuale e i prezzi sono quindi in aumento. C'è abbondanza di beni *in corso di* produzione, ma a causa del fatto che i prestiti vengono fatti quando la produzione viene avviata - anziché nel modo corretto, con l'emissione di nuovo denaro ai consumatori, in esenzione di imposta, dopo che la nuova produzione è maturata ed è pronta per essere venduta - la produzione e il consumo sono sfasati. La produzione è in ritardo rispetto al consumo di circa la metà del tempo medio impiegato per la produzione, poiché il nuovo denaro toglie dal mercato la ricchezza finita per pagare i lavoratori, mentre questi ultimi immettono solo ricchezza non finita al suo stadio iniziale o intermedio. In seguito sarà necessario ritornare su questa fallacia fisica fondamentale dell'intero sistema monetario dei banchieri.

Ma è facile capire, anche a questo punto, sia perché i prezzi devono aumentare sia perché la Ricchezza Virtuale non può aumentare nella misura dell'aumento del denaro, in modo da mantenere il valore di quest'ultimo. Le persone si recano sempre al mercato con denaro da acquistare, in media alcuni mesi prima che le merci siano disponibili. Ciò provoca un prosciugamento delle scorte esistenti e una carenza di ricchezza finita, cosicché, a meno che i prezzi non aumentino, non ci sarebbero beni da vendere per quella parte di denaro pari alla quantità extra creata. Naturalmente i prezzi aumentano per evitare che ciò accada. Ma tutti ottengono meno beni per il loro denaro rispetto a prima. Poiché il denaro ora vale meno di prima, le persone devono conservarne di più per possedere la stessa ricchezza virtuale (o credito per beni e servizi) di prima. Ben presto la maggiore quantità di denaro non compra più di quanto non facesse la quantità originale.

2. Mentre tutti gli altri prezzi aumentano, quello dell'oro viene fissato arbitrariamente. Questo, di per sé, significa solo che l'oro diminuisce di valore rispetto alle merci. Gli effetti delle nuove emissioni di moneta di credito sono gli stessi che si avrebbero se venissero effettivamente scoperte nuove miniere d'oro. L'aumento dei prezzi tende a rendere non redditizie le miniere d'oro esistenti e le miniere che prima non erano in grado di pagare, riducendo di nuovo la

produzione d'oro. Ma un'influenza di questo tipo, che diminuisce la produzione *annuale* di oro, può produrre solo una minima differenza nella quantità aggregata di oro, e potrebbe produrre un effetto percepibile sul livello dei prezzi solo dopo molto tempo. La domanda effettiva di oro, al di fuori della copertura del credito monetario, non è oggi molto elevata. Al suo prezzo è un metallo piuttosto inutile. Questo cambiamento del rapporto tra i valori dell'oro e delle merci non potrebbe di per sé produrre alcun effetto regolatore automatico in una comunità autosufficiente, poiché l'oro difficilmente rientra nella categoria dei beni che la maggior parte delle persone acquista per poter vivere. Ma, naturalmente, l'aumento dei prezzi truffa tutti i creditori a vantaggio dei debitori.

L'effetto del gold-standard, tuttavia, è quello di rendere l'oro moneta internazionale. Poiché il denaro è un debito solo per la comunità di cui è la moneta legale per il regolamento dei debiti, e non è un debito minimamente riconosciuto o esigibile nei confronti di qualsiasi altro paese, l'interindebitamento internazionale deve essere regolato con il trasferimento di beni o servizi effettivi dal paese debitore al paese debitore, nella misura in cui non ha la natura di un prestito o di un investimento permanente, con interessi. Rendere la moneta legale convertibile in oro significa quindi che, quando i prezzi di tutto il resto sono aumentati e quelli dell'oro no, il debito verso un paese all'estero viene saldato in modo più economico spedendo oro piuttosto che altri beni. Abbiamo visto che la prima fase si traduce in una carenza permanente di beni, perché la produzione è sempre in ritardo rispetto al consumo. Ciò crea naturalmente una domanda di beni, che possono essere acquistati all'estero ovunque siano economici e abbondanti e pagati spedendo oro in cambio di altri beni, poiché tutto il resto, tranne l'oro, è aumentato di prezzo. I prezzi sono espressi in termini di valuta deprezzata sul mercato interno, ma al vecchio tasso di cambio all'estero. In questa seconda fase, quindi, le scorte d'oro del Paese vengono prosciugate e, nel sistema esistente prima della guerra, quando il pubblico aveva il diritto di chiedere oro in cambio di banconote e assegni, il rapporto tra "contante" e credito (depositi totali) presso le banche si riduceva in ultima analisi al di sotto del limite che il banchiere considerava essenziale per la sua solvibilità.

3. Il banchiere ora diminuisce la quantità di moneta esistente non rinnovando i prestiti con la stessa velocità con cui vengono rimborsati. Questi prestiti, contratti in un periodo di prezzi crescenti, devono ora essere restituiti in un periodo di prezzi decrescenti, cosicché, a causa del cambiamento del potere d'acquisto del denaro e a prescindere dall'interesse pagato per il prestito, i beni e i servizi a cui i mutuatari devono rinunciare per ottenere il denaro da restituire devono sempre essere in media maggiori di quelli ottenuti con il denaro prestato. Prima che una parte considerevole di questi prestiti possa essere pagata, diventa impossibile ottenere il denaro, cioè vendere le merci, se non con una perdita rovinosa per i produttori. Di conseguenza, molti di loro finiscono in bancarotta. Le loro garanzie vengono vendute dalla banca o, se non sono in grado di ottenere l'importo necessario per rimborsare il prestito, se ne appropriano. In questo contesto, i mutuatari che sono stati più meritevoli, e i cui beni valgono quindi più di quelli che sono stati meno efficienti e attenti nella conduzione delle loro attività, sono le prime vittime. Vengono svenduti e rovinati quando coloro i cui beni non soddisfano le richieste della banca hanno maggiori possibilità di fuggire nella speranza di poter essere venduti più tardi.

Come vengono distribuite le perdite

In base al punto (1), il denaro creato dalle banche viene pagato dall'intera comunità con la perdita del potere d'acquisto del denaro preesistente. Tutti i contratti per futuri pagamenti periodici di servizi, come salari, stipendi, interessi e affitti, e quelli fissati per legge o per consuetudine, come tariffe di trasporto, servizi postali e onorari professionali, sono viziati a danno di coloro che ricevono il denaro, mentre coloro che ricevono questi servizi ottengono un beneficio non concordato, esattamente come se ci fosse stata una contrazione universale del peso della libbra, del volume della pinta o della lunghezza della iarda. Questo è il periodo dell'inflazione nell'unico senso in cui il termine ha un significato, cioè il periodo in cui il valore del denaro subisce uno svilimento.

Nel punto (2) c'è una profonda perturbazione internazionale che mette in pericolo le relazioni amichevoli tra le nazioni, che dobbiamo ancora approfondire. In (3) abbiamo il periodo di deflazione, quando il valore del denaro viene riportato al valore in oro che aveva in origine. C'è una paralisi economica generale, perché gli sforzi dei debitori per ripagare i loro debiti distruggono i mezzi di pagamento. In tutto questo sistema si è perso di vista lo scopo fondamentale del denaro. Invece di essere un mezzo per consentire a una comunità di trasmettere liberamente beni e servizi dal produttore al consumatore e all'utente finale, gli interessi dell'intera comunità sono stati sacrificati per consentire alle banche di prestare più denaro di quanto ne esista in forma fisica o tangibile. Non c'è la minima ragione per cui non debba esistere altrettanto denaro di quanto l'economia del Paese richieda, a patto che venga emesso solo quando c'è ricchezza aggiuntiva in attesa di essere venduta. La situazione si è creata a causa dell'incapacità della nazione di esercitare la sua prerogativa sull'emissione di moneta e a causa della preferenza delle banche per un metodo che evita l'emissione di adeguate ricevute nazionali, o di qualsiasi cosa in cambio, a coloro che hanno rinunciato a beni e servizi per il denaro. Non c'è nemmeno la minima ragione per l'esistenza di un sistema bancario così com'è diventato oggi, a prescindere da quello che poteva essere il caso due secoli fa. I cittadini possiedono i beni e i servizi su cui il banchiere si riversa senza fornire nulla in cambio del prelievo, e pagano l'emissione privata di denaro con la privazione dei profitti dell'emissione e con l'aumento dei prezzi che la scorretta modalità di emissione comporta.

Terminologia monetaria fraudolenta

L'intera terminologia del sistema è invertita. Così il credito bancario, quando la contabilità è fatta in beni e servizi piuttosto che in cifre, dovrebbe essere il debito bancario, il debito delle banche nei confronti della comunità per i beni e i servizi che le banche hanno imposto alla nazione autorizzando i mutuatari impuniti a ottenerli senza pagamento. Anche per quanto riguarda l'importantissimo rapporto tra liquidità e credito, che in epoche diverse è variato dal quindici per cento a un probabile sette per cento o meno, entrambi i termini sono falsi. Possiamo rimandare la considerazione del secondo, che è semplicemente *la somma* dei conti correnti e dei "depositi" a tempo, ed è in realtà il debito della banca nei confronti dei suoi depositanti per denaro a richiesta *e con* preavviso. È il credito del pubblico e il debito delle banche. Ma per quanto riguarda il "contante", come il più grande dei principianti sa, la maggior parte di questo "contante" è ora creato dalla Banca d'Inghilterra, in quanto i debiti di quest'ultima nei confronti delle banche di compensazione sono considerati "contanti".

Possiamo rimandare a un secondo momento l'esame più approfondito di questo aspetto. Sotto la protezione del governo, questa banca sembra pensare che sia un grande scherzo ingannare il pubblico.

Lo scarico dell'oro

Gli espedienti per manipolare la moneta e fare di un minimo di vera moneta nazionale la base per sostenere, probabilmente, una piramide rovesciata da dieci a venti volte più grande di quel denaro che appare e scompare magicamente chiamato "credito bancario", e il metodo di regolazione del denaro totale esistente da parte della Banca d'Inghilterra, erano di carattere brutale e assolutamente insensibile. Il drenaggio dell'oro dalla Banca d'Inghilterra, ai sensi del (2) "automaticamente", portò a una riduzione della quantità totale di denaro esistente da dieci a venti volte l'ammontare dell'oro rimosso. Per ogni scellino o due di denaro d'oro che lasciava il paese senza essere sostituito, 1 sterlina veniva distrutta dalle banche che chiedevano arbitrariamente ai loro mutuatari di rimborsare i prestiti - come abbiamo visto, un'impossibilità. L'invenzione di una nuova moneta, come debito verso la banca emittente che non poteva più essere ripagato, perché il rimborso distruggeva la moneta e i mezzi di pagamento, dava in pegno al banchiere l'intero sistema produttivo di ricchezza del mondo. Da quel momento il mondo fu in suo assoluto potere.

I mali dell'usura vera e propria nel Medioevo, a causa della scarsità di metalli preziosi e dell'insufficienza del mezzo di scambio, gridavano al cielo per essere riparati. Ma il vero usuraio rinunciava almeno a ciò che prestava e a ciò per cui riceveva un interesse, mentre il banchiere non lo fa, ma preleva sui beni e sui servizi della nazione per ciò che finge di prestare e su cui riceve un interesse. È già abbastanza grave essere nella morsa dell'usuraio che presta davvero il suo denaro, ma è un milione di volte peggiore essere nella morsa del finto usuraio che non presta il proprio denaro, ma lo crea per prestarlo e distrugge i mezzi di rimborso con la stessa rapidità con cui i debitori riescono a ripagarlo. È una resa dei poteri di vita e di morte sulla vita economica della nazione nelle mani di impostori irresponsabili.

La connivenza del governo

Il fatto che il governo abbia sempre partecipato a questa abrogazione della sua funzione si è rivelato nel modo più chiaro allo scoppio della guerra, quando, per la prima volta nella storia, la stretta delle banche sull'industria si è improvvisamente allentata, e al sistema economico è stato permesso di lavorare tutto sulla produzione a scopo di distruzione bellica. I motori del sistema monetario furono silenziosamente invertiti prima che fosse sparato il primo colpo. Le nazioni impegnate in una lotta mondiale all'ultimo sangue con altre nazioni non possono permettersi di rimanere paralizzate nella ragnatela della finanza bancaria. Le banche furono quindi incaricate di concedere prestiti illimitati per finanziare la produzione di munizioni, e il governo si impegnò a stampare ed emettere per loro le ben note "Bradburies" o National Treasury Notes, in tagli da 1 e 10 sterline, nella misura necessaria a preservare la loro solvibilità e il sicuro rapporto del dieci per cento tra contanti e credito, indipendentemente dall'ammontare del credito emesso. Lo spaventoso aumento dei prezzi fu ovviamente attribuito da tutti i grammofoni della City all'inondazione di cartamoneta emessa dal Governo.

In questo modo, con la stampa e l'emissione di tre o quattrocento milioni di Treasury Notes, l'ammontare complessivo del denaro passò da circa£ 1.200 milioni nel 1914 a circa 2.700 milioni di sterline nel 1920, più che raddoppiato. Il valore di una sterlina in beni è sceso a meno della metà di quello che avrebbe acquistato prima della guerra. L'aumento del debito nazionale, dovuto alla guerra, circa£ 8.000 milioni, è stato per la maggior parte contratto con questa moneta svilita, e se la moneta fosse stata emessa correttamente il debito *non sarebbe ammontato alla metà di questa somma.*

Il Comitato Cunliffe

Ma prima ancora che la guerra fosse terminata, erano già stati presi i necessari provvedimenti astuti per legare nuovamente la nazione alla ragnatela della finanza bancaria. Il famigerato Comitato Cunliffe fu istituito per fornire consulenza sul sistema monetario della nazione quando fosse stata ripristinata la pace. Era composto, con l'eccezione di un economista accademico ortodosso - come tutti gli altri dell'epoca ancora del tutto acritici nei confronti dell'onestà della professione bancaria - interamente dai banchieri stessi e da funzionari del Tesoro che lavoravano a stretto contatto con loro. È significativo delle strette relazioni tra il Governo e la professione bancaria il fatto che diversi funzionari del Tesoro abbiano poi lasciato il Governo per diventare direttori di banca, compreso quello il cui nome è stato associato dal pubblico alla Nota del Tesoro. Il Comitato non conteneva un solo rappresentante degli interessi dei consumatori o dei produttori, per il cui beneficio, e non per quello della professione bancaria o del Tesoro, il denaro esiste realmente. Non c'era nemmeno un riformatore monetario, anche se, già allora, Arthur Kitson aveva denunciato i mali del sistema monetario nazionale per oltre vent'anni e aveva correttamente previsto le inevitabili conseguenze del permettere ai banchieri di riprendere il loro controllo su di esso.

La prima raccomandazione di questo Comitato fu il rapido ritorno al gold-standard e la seconda che i National Treasury Notes fossero ritirati e sostituiti da banconote. L'effetto desiderato della prima raccomandazione era ben compreso da un normale operatore di borsa o un amministratore di patrimoni, il cui compito è quello di conoscere queste questioni nell'interesse dei propri clienti. Significava che il debito nazionale, contratto per la stragrande maggioranza in una valuta svilita, doveva essere rimborsato, per quanto riguarda il capitale e gli interessi, con moneta d'oro di valore più che doppio. I francesi sapevano tutto questo, ed è inutile fingere che gli esperti britannici non lo sapessero. Fu giustificato come "correzione" dell'inflazione di guerra, quando tutti i creditori delle nazioni prima della guerra erano stati truffati attraverso la pretesa delle banche di prestare, e non prestare ma creare, circa quindici centinaia di milioni per finanziare la produzione. Questo non sarebbe mai accaduto se i prestiti fossero stati veri e propri, che allo scoppio della guerra non avrebbero avuto la minima difficoltà a raccogliere dal pubblico. Il Comitato Cunliffe si proponeva di correggere questo errore con un secondo e peggiore: la truffa universale dei debitori a vantaggio dei creditori di guerra, poiché i debiti e i relativi interessi non sono realmente pagati in sterline, ma in beni e servizi che le sterline compreranno. Ma tutto questo è ormai di dominio pubblico e sordido oltre ogni limite.

Deflazione

Il rapporto del Comitato Cunliffe fu adottato e il governo di coalizione del 1920 iniziò a metterlo in pratica. La rovinosa fase di deflazione, N°. (3) del ciclo, fece sprofondare l'intera nazione nella paralisi economica dalla quale non ha quasi mai mostrato segni di ripresa. A parte la distruzione fisica e la perdita di vite e salute tra i combattenti effettivi durante la guerra, e le perdite finanziarie subite dalla classe puramente rentier a causa dell'inflazione, il Paese alla firma della pace si trovava in una condizione di prosperità economica e benessere grazie alla temporanea rimozione della morsa del denaro.

La stampa iniziò a fare la propaganda più assurda, esortando il pubblico a produrre di più e a consumare di meno una settimana, e la settimana successiva a lavorare a tempo ridotto e a dividere il lavoro con il proprio amico. Le banche cominciarono improvvisamente a contrarre i crediti con l'obiettivo di aumentare il valore del denaro e abbassare i prezzi, senza farsi scoraggiare dalla marea crescente di fallimenti e disoccupazione. Ma, sebbene sia stato abbastanza facile produrre la rovina e la miseria di tutti, abbassare i prezzi non è stato altrettanto facile: il paese produce e consuma sempre meno al vecchio prezzo con la minore quantità di denaro esistente, piuttosto che lo stesso di prima a prezzi corrispondentemente più bassi.

La ragione principale è che l'abbassamento dei prezzi implica un corrispondente abbassamento dei salari e degli stipendi, che viene efficacemente contrastato dai sindacati dei lavoratori e dei professionisti. I più deboli vengono spinti al muro e perdono il lavoro, diventando così un onere per il contribuente, mentre quelli che mantengono il loro impiego beneficiano in modo corrispondente di qualsiasi abbassamento dei prezzi che possa essere imposto. In realtà i metodi brutali del gold-standard erano troppo irrimediabilmente obsoleti per ridurre efficacemente il livello dei prezzi dopo la guerra. I suoi principi erano allora ben compresi sia dai consulenti economici dei datori di lavoro industriali e dei lavoratori che dalla gerarchia finanziaria. Inoltre, in un'epoca di abbondanza come quella inaugurata dalla scienza, non è più possibile usare l'arma nuda e cruda della fame per ridurre i lavoratori recalcitranti a un livello di vita inferiore, come accadeva un secolo fa. Né ci si può aspettare che gli uomini d'affari si impegnino nella produzione quando viene detto loro che, prima che il loro prodotto arrivi sul mercato, i prezzi saranno scesi al di sotto del costo di produzione!

Il ritorno all'oro

Ma nel 1925 si ritenne che la politica di deflazione avesse raggiunto il suo scopo in misura sufficiente da rischiare il ripristino del gold-standard, per quanto riguarda gli scambi con l'estero. Il Gold Standard Act del 1925 rese possibile l'acquisto di lingotti d'oro interi del peso di circa quattrocento once Troy al prezzo dell'oro prebellico. In questo modo si è aperta una strada agli importatori di merci dall'estero, invitandoli a utilizzare le nostre scorte d'oro , che venivano fornite a un prezzo di gran lunga inferiore a quello di mercato, per esportare in cambio di merci straniere in concorrenza con quelle del mercato interno. I costi dei produttori nazionali erano ovviamente sostenuti nella valuta interna ancora deprezzata, mentre quelli degli stranieri erano pagati in unità d'oro con un potere d'acquisto molto superiore. Si trattò probabilmente dell'ultimo disperato tentativo dei banchieri di abbattere la resistenza alla loro politica di abbassamento dei prezzi, sottoponendo il mercato interno alla concorrenza straniera, ma non poté e non durò a lungo.

Tradimento vero e proprio

La seconda raccomandazione del Comitato Cunliffe fu attuata con il Currency and Bank Notes Act del 1928 dell'ultimo governo conservatore. Questo cambiamento fondamentale della Costituzione britannica, come si vedrà, non fu in alcun modo una questione politica. Il governo, da vero sostenitore del Re e della Costituzione, autorizzò tranquillamente e con il minimo clamore il ritiro delle banconote del Tesoro nazionale recanti la testa del Re e la loro sostituzione con banconote recanti la Promessa di pagamento della Banca d'Inghilterra. Nel migliore dei casi questa promessa poteva avere ben poco significato, ma fu resa del tutto fasulla quando il governo di coalizione del 1931 abbandonò lo standard aureo! La decisione fu tanto più sorprendente in quanto la ragione apparente del governo di coalizione era quella di impedire che una tale "calamità" colpisse la nazione. Questa, almeno, è stata la ragione addotta durante una campagna elettorale basata ancor meno sulla verità e sulla realtà di quanto sia ormai consuetudine.

La legge del 1928

La legge del 1928, "considerando" le Treasury Notes come banconote, prevedeva la loro sostituzione con un'emissione "fiduciaria" di 260 milioni di sterline di Bank of England al di sopra della riserva aurea, con disposizioni per l'aumento o la diminuzione di questa emissione in consultazione tra la Banca e il Tesoro, che fu successivamente aumentata di 15 milioni quando lo standard aureo fu abbandonato nel 1931. In questa legge si parla molto della responsabilità puramente nominale della Banca per questa emissione e poco dei profitti dell'emissione, ma sembra chiaro che i profitti netti, come concordato tra la Banca e il Tesoro, sono consegnati alla nazione. Questo è lo spratto per prendere uno sgombro, come vedremo nel prossimo capitolo, quando ci occuperemo del seguito immediato. Nel 1932, infatti, sulla base dell'aumento di 15 milioni di sterline, gli interessi bancari poterono aumentare di ben 300 milioni di sterline il loro possesso di titoli negoziabili della nazione, o di "prestiti" fruttiferi. La legge del 1928 segna un secondo passo fondamentale nell'evoluzione della moneta emessa da privati, il primo dei quali fu compiuto quando i primi orafi trovarono "sicuro" (per loro) emettere banconote, o promesse di pagamento di oro su richiesta molte volte superiori all'oro che possedevano. Questi recenti e rapidi cambiamenti hanno chiarito la vera questione in gioco e hanno permesso di portarla a conoscenza della nazione al di là della possibilità di essere travisata.

Che cos'è il denaro genuino oggi?

In questo capitolo è stato necessario approfondire i caleidoscopici cambiamenti che il corpo empirico di regole che costituisce il nostro sistema monetario ha subito dallo scoppio della guerra, anche se gran parte di essi sono già noti al lettore comune. Ma questa storia ha comportato il rinvio al prossimo capitolo di alcune delle considerazioni più interessanti e cruciali che sono alla base di questi cambiamenti. Il denaro, nella situazione attuale, non ha più la minima somiglianza con quello che è sempre stato. Tutte le idee precedenti sul denaro buono e quello cattivo, sul denaro autentico emesso dallo Stato e su quello privato messo in circolazione dai falsari, sul dovere dello Stato di proteggere i proprietari di denaro dalla sua manomissione dolosa e dallo svilimento del suo valore in beni, sono ormai superate. Siamo in un'epoca di "politica monetaria" in cui il valore del denaro viene continuamente alterato, con i mezzi ben noti alla professione bancaria, per farlo valere di meno o di più, quindi per alzare il livello dei prezzi o per abbassarlo. Stabilizzare il suo valore è del tutto impossibile senza distruggere completamente le finzioni su cui il sistema bancario si è adagiato, mentre, se si ponesse fine a queste, il suo valore tornerebbe a essere stabile come un tempo. In tutto questo non si tiene conto dei più elementari principi di giustizia nei confronti dei proprietari del denaro, che rinunciano per esso a beni e servizi di valore e hanno il diritto di ricevere nuovamente un valore equivalente a quello che hanno ceduto.

CAPITOLO IV

IL DENARO COME È ORA

Illusioni monetarie

Il vantaggio dell'uso del denaro, che consente di esprimere tutti i valori economici in termini di un'unità comune, è uno dei maggiori svantaggi nella comprensione della sua reale natura. Tutte le transazioni economiche che interessano il cittadino comune sono sempre tradotte e contabilizzate in unità monetarie. In effetti, le unità monetarie sono spesso utilizzate senza alcuna qualificazione sia per il denaro sia per quelle forme di proprietà o di debito che sono facilmente convertibili in denaro. La definizione di denaro in questo libro è che si tratta di un debito nei confronti del proprietario per un certo valore di un bene commerciabile ottenibile su richiesta nel paese in cui il denaro ha corso legale per il pagamento del debito. È perché i cittadini comuni non sono mai parte consenziente dello scambio iniziale che crea il denaro, che non hanno capito la sua importanza nazionale. Essendo tutti i debiti contratti ed espressi in unità monetarie, non capiscono il significato della relazione debito-credito attraverso la quale il denaro stesso viene creato. Il "credito della nazione" non è solo il suo potere di indebitarsi con i singoli cittadini per il denaro, ma include anche il suo potere di indebitarsi con i singoli cittadini per i beni e i servizi effettivi, da cui ha origine il denaro stesso. Il fatto che il debito della nazione nei confronti dei cittadini sia in beni e servizi e non in denaro non altera il segno della transazione. Sembra che lo faccia solo perché i venditori che ricevono nuovo denaro per la ricchezza ceduta si considerano pagati, mentre non sono pagati ma debitori.

Tutto il denaro ceduto dai singoli cittadini alla nazione in cambio di titoli del Debito Nazionale appartiene naturalmente alla nazione che contrae il debito, mentre i beni e i servizi ceduti da questi ultimi in cambio di carta e credito creati dalle banche sono stati contabilizzati dal nostro sistema monetario, fino alla legge del 1928, come appartenenti all'emittente del denaro. La cosa straordinaria è che si cercherebbe invano una legge che sancisca questa contabilizzazione per quanto riguarda la parte principale, cioè quella emessa come credito bancario.

Una distinzione senza differenza

Naturalmente si obietterà che le banche non rivendicano e non hanno mai rivendicato la proprietà permanente del denaro che emettono. Ma nell'economia pratica non c'è più alcuna distinzione importante tra una somma di denaro e il reddito che ne deriva. Il proprietario di un titolo del Debito Nazionale è in realtà il proprietario del reddito annuo che produce. Se questo è£ 100 all'anno e l'interesse è del quattro per cento, è scambiabile con circa 2.500 sterline, se il cinque per cento con 2.000 sterline, e così via. Godere in modo permanente del reddito annuo equivale, in pratica, a essere proprietari del capitale. Così è per i circa 2.000 milioni di sterline creati dal credito bancario, che fruttano alle banche un reddito annuo, al tasso bancario del cinque per cento, di 100 milioni di sterline all'anno. Di questo godono da quando hanno emesso il denaro e non mostrano ancora alcuna disposizione a cederlo volontariamente alla nazione. È quindi un cavillo sostenere che non possiedono il denaro che hanno creato. Se fosse sostituito da denaro di Stato, lo Stato potrebbe scegliere se ricevere il capitale o se prestarlo e ricavarne gli interessi, se sostenere con esso 2.000 milioni di sterline di nuove spese o se togliere questa somma dal debito nazionale e risparmiare 100 milioni di sterline all'anno ai contribuenti. Questi sono solo due dei molti modi in cui la nazione sarebbe più ricca se i beni e i servizi ceduti dai cittadini in cambio di denaro fossero di proprietà della nazione anziché delle banche.

Per porre fine a una situazione come quella attuale, è sufficiente che il pubblico guardi al denaro, non come è stato così insistentemente istruito, dal punto di vista dell'emittente che riceve beni e servizi *gratuitamente*, ma dal punto di vista dell'utente che deve prima cederli in cambio di denaro prima di poterli riavere. La contabilità deve iniziare una fase precedente a per coprire la transazione con cui il denaro ha avuto origine. Se questo viene fatto, l'affermazione delle banche che stanno usando il loro credito e non quello della comunità non può essere provata. È vero che i primi banchieri pensavano di farlo, e senza dubbio lo facevano in origine quando prestavano parte dell'oro dei loro depositanti. A quell'epoca il credito degli orafi era superiore a quello del governo, che riteneva opportuno, in caso di necessità, appropriarsi dei depositi d'oro dei mercanti nella Torre senza la formalità del consenso dei proprietari, spingendo così questi ultimi a cercare una "banca" più sicura.

L'interesse acquisito nella creazione di denaro

Ma quando iniziarono a prestare non oro, ma promesse di pagamento in oro o, più tardi, con il sistema degli assegni, assegni, che sono crediti verso la banca per denaro, le banche iniziarono ad appropriarsi di un credito che non era loro, ma apparteneva alla comunità che doveva rinunciare a beni e servizi equivalenti a quelli a cui le banche avevano esteso il "credito" in prima istanza. Ora l'argomentazione ha chiuso il cerchio. L'invenzione del denaro di credito ha permesso alla professione bancaria di appropriarsi di quella parte del credito della comunità che è stata definita la Ricchezza Virtuale, e questo, implicando il potere di creare denaro dal nulla, non poteva che rivelarsi un'attività straordinariamente redditizia, che ora è diventata un gigantesco interesse acquisito.

Gli scrittori sul denaro, dal punto di vista convenzionale o degli emittenti, ora sostengono, ad esempio, che le banche hanno il diritto, in tempi di depressione economica, quando nessuno vuole prendere in prestito il loro denaro a qualsiasi prezzo, e hanno più "contanti" di quanto corrisponda al rapporto di sicurezza del dieci per cento rispetto ai loro depositi totali, se acquistano proprietà appartenenti al pubblico con il denaro che emettono, una transazione difficilmente distinguibile dalle operazioni del falsario. Si tratta delle cosiddette "operazioni di mercato aperto" e, secondo la fraseologia bancaria, questo metodo di acquisizione di titoli negoziabili di valore della nazione mediante l'emissione di nuova moneta è ancora tecnicamente chiamato "prestito", piuttosto che furto.

Operazioni di mercato aperto

Quando un cittadino comune acquista titoli, la sua scorta di denaro diminuisce, ma per il banchiere funziona esattamente al contrario. Egli aumenta la quantità di denaro che emette comprando proprio come se prestasse. La distrugge di nuovo vendendo, proprio come quando richiede un prestito. Per rendere tutto ciò comprensibile ai cittadini comuni, è necessario considerare la questione in questo modo. Il sistema bancario è ora una società che ha un interesse personale nell'emissione di una quantità di denaro nove volte superiore a quella che detiene in "contanti", e se i mutuatari meritevoli di credito non si sono ancora ripresi a sufficienza dalla trappola della deflazione, e non possono o non vogliono prendere in prestito questa emissione da loro, allora le banche hanno il diritto di acquistare per sé sul mercato aperto investimenti che producono reddito, pagandoli con i loro assegni. I venditori li versano alle rispettive banche creando depositi, fino a quando non viene raggiunto il rapporto sicuro tra contanti e depositi.

Contanti (!)

Ma che cos'è il "contante"? Nel linguaggio bancario il "contante" è il denaro a corso legale più i crediti presso la Banca d'Inghilterra. Vediamo come funzionò nel 1932, subito dopo l'abbandono del gold-standard e la "politica monetaria" fu diretta ad aumentare i prezzi e a far diminuire il valore del denaro di tutti in beni, ripudiando così parte del debito della nazione in beni e servizi ai proprietari del denaro. Il Tesoro si accordò con la Banca d'Inghilterra e la autorizzò a emettere£ altri 15 milioni di banconote Promise to Pay, ai sensi della legge del 1928. Il profitto netto di questa emissione, qualunque esso fosse, fu presumibilmente pagato al Tesoro, e in questo modo il contribuente ne beneficiò. Poi la Banca d'Inghilterra aumentò i suoi "prestiti" (fraseologia bancaria) acquistando per sé 32 milioni di sterline di titoli negoziabili dalla nazione, ed entrò nel godimento dei proventi degli interessi che essi producono, pagandoli con assegni. Che la vecchia signora che ha scoperto il suo conto e ha inviato al banchiere un assegno per l'importo sia o meno un'invenzione, non c'è il minimo dubbio che questo sia il metodo normale, naturale e regolare della vecchia signora di Threadneedle Street.

A tempo debito, i venditori di questi titoli hanno versato gli assegni alle loro banche, che li hanno restituiti alla Banca d'Inghilterra, aumentando così i loro crediti presso la Banca d'Inghilterra, che sono classificati come "contanti", di£ 32 milioni di sterline. Questo grande apporto di "contanti" permise loro di aumentare i "prestiti" di circa 267 milioni di sterline, gran parte dell'aumento probabilmente dovuto - nelle condizioni ancora precarie dei mutuatari meritevoli di credito che non si erano ancora sufficientemente ripresi dalla deflazione - alle "operazioni di mercato aperto". Così, tra il febbraio 1932 e il febbraio 1933, furono in grado di mostrare un aumento dei loro "depositi" di quasi 300 milioni di sterline. Da quel momento in poi divenne piuttosto rovinoso andare in vacanza in Svizzera, o in qualsiasi altro Paese con lo standard aureo, a causa del "cambio" a nostro sfavore. Al momento in cui scriviamo (1934) la sterlina nei Paesi ancora in regime di gold-standard vale circa 12 centesimi. Ma le banche hanno "acquisito" circa 300 milioni di sterline di titoli che producono reddito per la nazione - o il reddito equivalente dai loro mutuatari, nella misura in cui sono riusciti a prestare realmente il nuovo denaro che hanno emesso - nel primo anno dopo l'uscita dal gold-standard.

Le banche ora creano denaro per spenderlo da sole

Questo sicuramente elimina anche l'ultimo residuo della scusa che le banche, "assistendo" l'industria con prestiti fittizi, siano un servizio pubblico, perché avendo, con la deflazione e l'improvviso ritiro della loro "assistenza", messo le industrie della nazione *fuori combattimento*, al fine di gonfiare nuovamente la concertina monetaria, non essendoci ora nessun altro che "assista", devono ripiegare sull'assistenza a se stesse. Il sistema bancario, infatti, non è altro che un gigantesco interesse acquisito nell'effettiva emissione di nuova moneta con metodi che ancora eludono la legge e rovinano prima i creditori e poi i debitori. Secondo i canoni ordinari della morale commerciale non c'è un briciolo di differenza tra creare denaro per prestarlo ad altri dietro interesse e crearlo per spendere se stessi, e ora non ne viene riconosciuta alcuna nemmeno nella morale bancaria. Tutto questo è stato naturalmente accompagnato dalla solita propaganda disonesta volta a distogliere l'attenzione da ciò che stava accadendo. I giornali hanno richiamato l'attenzione sull'abbondanza di strumenti di credito che giacevano inutilizzati e senza mutuatari, e hanno puntato il dito contro coloro che immaginavano che la carenza di denaro potesse avere qualcosa a che fare con il crollo!

Il banchiere come esattore delle tasse

Il Currency and Bank Notes Act del 1928, come indicato nell'ultimo capitolo, ha introdotto, al di là di ogni dubbio da quando il Paese ha abbandonato il gold-standard, un nuovo principio nella Costituzione britannica. In precedenza, l'emissione di banconote era strettamente regolata dalla legge, ma per quanto riguardava i profitti dell'emissione la nazione non aveva alcun diritto su di essi. Finché erano convertibili in oro, il banchiere si rendeva responsabile dell'emissione, anche se non dava alcuna garanzia di solvibilità. Nonostante il fatto che, impedito dalla legge a emettere banconote, cominciasse a prestare libretti di assegni in misura tale che presto divenne fisicamente impossibile per lui adempiere alla sua obbligazione, e che qualsiasi tentativo di costringerlo a farlo da parte di una piccola parte del pubblico avrebbe gettato la nazione nel panico finanziario, la consuetudine mercantile, se non la legge, manteneva ancora la finzione che il banchiere stesse commerciando con il proprio credito e lo stesse usando.

La legge del 1928, che autorizzava l'emissione di banconote da parte della Banca d'Inghilterra in sostituzione delle National Treasury Notes, stabiliva che i profitti dell'emissione dovessero essere versati al Tesoro. Come abbiamo visto, l'emissione di qualsiasi forma di moneta di credito è un prelievo forzoso o un'imposta sui beni e sui servizi della comunità a cui è impossibile resistere o sottrarsi. Solo il Parlamento ha il diritto di autorizzare e imporre la tassazione, e questa legge consente di mettere in discussione l'intera posizione costituzionale. Per quanto riguarda l'emissione relativamente insignificante di banconote. Il Parlamento ha delegato i suoi poteri alla

Banca d'Inghilterra, che in questo senso è l'esattore autorizzato ma non ufficiale del governo. Infatti, anche in diritto, non è possibile sostenere che un'imposta è tale solo quando viene pagata in gettoni di denaro e che un'imposta pagata direttamente in oggetti di valore non è un'imposta. Perché sarebbe sciocco come sostenere che una persona che rinuncia al denaro stabilisce un credito, mentre una persona che rinuncia a beni e servizi di pari valore in cambio di denaro non lo fa.

Anche nel 1928 quanto sopra era vero per tutti i cittadini comuni, sebbene la legge del 1925 avesse concesso al denaro un limitato grado di convertibilità in oro a beneficio dei commercianti stranieri. Questo, tuttavia, fu eliminato nel 1931. Così, con un atto del Parlamento, la testa del Re è stata rimossa dalla moneta nazionale e al suo posto è stata sostituita la Promessa di pagamento della banca. Questa "Promessa di pagamento" risale ai tempi in cui la banconota era allo stesso tempo la ricevuta dell'oro volontariamente consegnato alla banca dal suo proprietario e la sua promessa di restituirlo su richiesta. Rendendo le banconote Promise-to-Pay della Banca d'Inghilterra a corso legale al posto delle National Treasury Notes, la promessa è diventata una promessa fasulla. La banconota è ora solo la ricevuta autorizzata ma non ufficiale di un'imposta nazionale riscossa per conto del Tesoro dalla Banca d'Inghilterra. La promessa della Banca d'Inghilterra può essere dimostrata fasulla da chiunque si prenda la briga di portare alla Banca alcune di queste banconote da 1 sterlina e chiedere che riscattino la promessa di pagare "sterline" in cambio di esse. È tempo che questa leggenda bugiarda sia sostituita da quella vera "Valore ricevuto del valore di 1 sterlina", ed è tempo che questa sinistra delega dei poteri di tassazione alla Banca d'Inghilterra da parte del Parlamento sia contestata e annullata, e che la banconota sia firmata dall'autorità del

Tesoro responsabile, come lo erano le Treasury Notes originali.

Lo spratto per catturare uno sgombro

Ma, come già indicato, non è questo il vero problema, che è il diritto delle banche, grazie a un trucco contabile, di creare una quantità di denaro venti volte superiore a quella per cui vengono emesse le ricevute a corso legale. Finché esistono i gettoni fisici, non è possibile renderli inferiori a zero. Ma con la contabilità si può aggirare questa ovvia limitazione, e in cifre è altrettanto facile contare in numeri negativi che in numeri positivi, e non c'è quindi un numero fisso, come lo zero, da cui partire per il conteggio. La contabilità monetaria dovrebbe partire dallo zero dell'assenza di denaro. La quantità reale di denaro è perfettamente definita, perché è, in unità di denaro, il valore delle cose reali che i cittadini aggregati devono e hanno il diritto di ricevere su richiesta in cambio del denaro. La finzione che solo la moneta a corso legale sia "veramente" denaro, e che i conti assegni non siano denaro ma richieste di pagamento di denaro, non influisce minimamente sulla quantità di beni che i cittadini hanno ceduto per essa e che sono dovuti su richiesta. Il sistema degli assegni conserva lo zero dell'assenza di denaro per il corso legale o i gettoni fisici, ma estende la contabilità a un'estensione indefinita e continuamente variabile al di sotto dello zero, nella regione delle quantità minime, o dei debiti delle banche per denaro inesistente. Imponendo alle banche di conservare sterline per sterline di moneta nazionale a fronte delle loro passività nei confronti dei correntisti, si interromperebbe immediatamente questa contabilità fraudolenta.

Le banche non danno alcuna sicurezza

È la più strana perversione della giustizia comune che, mentre i mutuatari delle banche devono depositare presso di esse garanzie di valore, come titoli di proprietà di case, fattorie, fabbriche o investimenti, ampiamente sufficienti a coprire l'eventualità di un loro inadempimento, le banche, non fidandosi di nessuno, non danno esse stesse alcun tipo di garanzia ai loro depositanti. Nell'uno e nell'altro caso, quando diventa impossibile per i creditori adempiere alla loro obbligazione, le banche vengono vendute e mandate in bancarotta. Nell'altro caso, alle banche viene concessa una moratoria e viene stampata una quantità di denaro nazionale sufficiente a consentire loro di evitare la rovina. La sterlina di moneta nazionale sarebbe la garanzia della nazione per la loro solvibilità e potrebbe essere emessa a favore delle banche secondo le necessità, a fronte di un'adeguata garanzia collaterale costituita dagli attivi delle banche a copertura del prestito. Ma in realtà la semplice sostituzione di una moneta nazionale all'attuale sistema fraudolento di moneta privata produrrebbe un aumento quasi istantaneo della prosperità nazionale reale, tanto che non passerebbe molto tempo prima che l'industria e l'agricoltura escano dal debito con le banche e siano in grado di creare e accumulare il proprio capitale senza l'aiuto, per la maggior parte, di prestiti veri o fittizi.

L'elemento tempo del denaro

La filosofia del denaro qui esposta, considerata in una luce strettamente scientifica, si può dire che ponga la differenza tra il baratto e i sistemi monetari nell'intervallo di tempo che distingue il secondo dal primo, tra la rinuncia a un tipo di proprietà e la sua restituzione da parte di un altro. Il denaro può essere considerato un rimborso intermedio, ma questo non copre del tutto il punto, che è essenzialmente temporale. Se, in modo scientifico, immaginiamo che l'intervallo di tempo si riduca continuamente a zero, da un sistema monetario arriviamo a un sistema di baratto, e il punto è che questo non è possibile. Se commettiamo l'errore di supporre che sia così, sarebbe come supporre una comunità che scambia per baratto, in cui non appena un tipo di prodotto è pronto per l'uso o il consumo, un valore esattamente equivalente appare automaticamente nello stesso luogo e nello stesso momento del tipo che il produttore vuole in cambio. Invece, come sappiamo, ci sono considerazioni come il tempo della semina e del raccolto nel caso dei prodotti agricoli e i loro equivalenti nella produzione industriale, oltre al fatto che il produttore non sa mai con precisione quali saranno i suoi bisogni nell'intervallo tra un prodotto e l'altro. Il denaro colma questo divario perché fornisce i mezzi per ottenere continuamente ciò che è necessario per l'uso e il consumo, indipendentemente dalla natura spasmodica della produzione o, per consuetudine, del pagamento (salari, stipendi, dividendi) per impegnarsi nella produzione.

La circolazione del denaro

Gli economisti ortodossi sembrano ignorare i processi tecnici e biologici per la creazione della ricchezza e i principi che ne regolano il consumo e l'uso, nella loro preoccupazione quasi esclusiva per la funzione del tutto subordinata dello scambio o del commercio, contro cui Ruskin ai suoi tempi inveiva invano. In questo caso, come si esprimeva, "per ogni più c'è un meno", una parte dello scambio si limita a rinunciare a ciò che l'altra ottiene. Nella cosiddetta "teoria della quantità di denaro" si cercò di far dipendere il valore di scambio del denaro inversamente dalla sua quantità "in circolazione" e direttamente dalla sua "velocità di circolazione". I loro tentativi di determinare la prima si sono scontrati con la difficoltà quasi insuperabile, in un sistema monetario a emissione privata, di essere sicuri di quale possa essere la quantità esistente in ogni istante, per non parlare della quantità "in circolazione", e per questo dipendevano da cifre che la professione bancaria poteva desiderare che il pubblico credesse, oltre a seguire in modo poco intelligente i metodi dei banchieri stessi per arrivare alle informazioni. Questi sembrano avere un errore radicale, ancora da approfondire, nell'accomunare i conti correnti e i depositi a termine e nell'offuscare la distinzione tra di essi. Per quanto riguarda il secondo, sembrano ignorare i fattori temporali della produzione che la funzione del denaro è quella di colmare, e scrivono come se fosse la velocità di circolazione del denaro a determinare il tasso di creazione della ricchezza, invece di essere quest'ultimo il fattore essenziale a cui la *circolazione* del denaro *deve* conformarsi. Il semplice fatto che il denaro cambi di mano, modificando di momento in momento l'identità degli individui con denaro e senza beni o con beni e senza denaro - il commercio in breve, includendo nel termine tutte le transazioni borsistiche, immobiliari e altre che comportano lo scambio di beni finiti - non è affatto circolazione. Questo termine dovrebbe essere limitato ai pagamenti di cui sopra per impegnarsi nella produzione, al ritorno al sistema di produzione del denaro così versato, in cambio del prodotto, e al suo passaggio attraverso il sistema di produzione fino a quando non viene nuovamente versato e il cerchio si completa.

Non è necessario soffermarsi oltre su questa vecchia "teoria della quantità" di denaro, perché è già stato detto abbastanza per dimostrare che si tratta di una vera e propria frode. In pratica non si conosceva nessuno dei due fattori che si supponeva determinassero il valore di scambio del denaro, ma solo il loro prodotto, che per definizione era semplicemente il totale del denaro scambiato per le merci all'anno, o "il volume degli scambi". Dividendo la quantità di denaro per la quantità di merci si ottiene il prezzo medio delle merci, o indice dei prezzi, un dato puramente statistico che non dipende da alcuna teoria. Si può affermare subito che nessuna teoria quantitativa del valore del denaro può essere applicata quando la quantità di denaro esistente viene variata arbitrariamente, creata forse per permettere alle persone di giocare d'azzardo con i margini in Borsa, forse ritirata dalla produzione a questo scopo, e forse no. È come prendere sul serio un insieme di dati statistici relativi a un periodo in cui le unità di misura non sono mai state le stesse da un momento all'altro, o un insieme di misure in cui qualcuno altera arbitrariamente la taratura degli strumenti di misura per farli leggere sempre in modo sbagliato.

Il valore del denaro o il livello dei prezzi

Considerando il denaro come essenzialmente credito in prima istanza, la quantità di denaro è semplicemente la quantità di beni e servizi con cui i suoi proprietari sono accreditati, cioè di cui fanno volontariamente a meno, e che chiamiamo la Ricchezza Virtuale della comunità. È una quantità, non un tasso come il volume degli scambi e, senza alcuna complicazione, il valore di scambio del denaro è la Ricchezza Virtuale divisa per la quantità di denaro, e l'indice dei prezzi o il livello dei prezzi è proporzionale al reciproco di questo. Può cambiare solo (1) in virtù dell'esistenza di più o meno denaro o (2) in virtù del fatto che la comunità, nel senso dell'aggregato dei suoi singoli membri, sceglie di fare a meno e di accreditarsi meno o più beni. La prima è la quantità fisica e la seconda la quantità psichica. Quest'ultima dipende dal numero di individui che compongono la comunità e dalle loro abitudini e consuetudini commerciali e domestiche, che sono conservative. È inconcepibile, se la quantità di denaro fosse ragionevolmente costante, che la Ricchezza Virtuale possa essere soggetta a qualsiasi cambiamento violento, se non a causa di qualche cataclisma naturale o umano di vasta portata. Nella misura in cui la quantità di denaro esistente cambia violentemente e improvvisamente, ciò produce violente ripercussioni sul tenore di vita e sulla prosperità generale, nonché sulla quantità di beni e servizi di cui le persone possono permettersi di fare a meno. Ma poiché la causa di questo fenomeno è puramente esterna, arbitraria e *prevenibile*, non c'è motivo di discuterne e di elaborare in modo eccessivo la semplice concezione qui esposta. Lo scopo di questo libro è piuttosto quello di applicarla a un vero e proprio sistema monetario che utilizzi gettoni fisici regolati nella quantità per mantenere costante il livello dei prezzi.

Alcuni fattori monetari

Ma per mettere la concezione in semplice relazione con l'intervallo di tempo che la funzione del denaro è quella di colmare, tra la cessione di un tipo di proprietà e la sua restituzione da parte di un altro, è necessario conoscere, oltre alla quantità di denaro, solo il "volume del commercio" o il totale del denaro scambiato nell'anno con le merci. Se chiamiamo questo£ V e la quantità totale di denaro£ Q, allora Q/V è l'intervallo di tempo richiesto, cioè il tempo medio in cui ogni unità di denaro viene conservata prima di essere spesa. Supponiamo che il volume del commercio, nel senso definito, sia dato in modo sufficientemente accurato dall'ammontare delle banconote, degli assegni, ecc. Nel 1928£ 44.200 milioni. La quantità di denaro nei conti correnti di queste banche per quell'anno è stata dichiarata pari a 1.026 milioni di sterline. Quindi, per quanto riguarda questa parte del denaro, l'intervallo di tempo medio tra una spesa e l'altra è piuttosto superiore a un quarantaquattresimo di un anno, ovvero otto giorni e otto ore. Probabilmente qualcosa di simile a questo periodo è vero per il denaro in generale nell'intero ciclo di produzione e consumo. Quanto possa essere per ciascuna metà separatamente può essere solo ipotizzato. Il tempo di una circolazione completa è il prodotto di questo intervallo medio per il numero di scambi in entrambe le metà. Se è vero che il reddito nazionale era allora di circa 4.000 milioni di sterline, il numero medio di scambi nella circolazione completa è di circa una dozzina.

In ogni caso, è importante notare che questo intervallo è una quantità derivata o secondaria, di per sé non così informativa come la concezione fondamentale di Ricchezza Virtuale. Quest'ultima è misurata dalla quantità di denaro esistente divisa per l'indice dei prezzi, e questo ancora, diviso per la popolazione, dà la quantità media di ricchezza (in unità monetarie ridotte al livello di prezzo preso come standard) di cui ogni individuo della comunità preferisce volontariamente fare a meno per possedere denaro. Se si prende come standard il valore del denaro nel 1914 (livello dei prezzi = 100), in quell'anno il suo valore era di poco superiore alle 20 sterline e la quantità di beni e servizi che rappresenta probabilmente varia relativamente poco, nonostante l'indice dei prezzi possa variare.

Queste cifre, sebbene siano fornite solo come indicazioni approssimative degli ordini delle quantità in questione, sembrano essere molto simili a quelle che si sarebbero potute intuire da altre considerazioni.

Una moneta di grano

L'uomo non vive di solo pane nemmeno in senso economico, ma supponiamo per semplicità che lo faccia, e consideriamo una comunità autosufficiente che produce e consuma il proprio grano, raccolto, per esempio, a settembre, e chiamiamo il raccolto H in valore di unità monetarie di potere d'acquisto costante. Allora, trascurando la complicazione della quantità relativamente piccola di grano che deve essere sempre riservata per la semina dell'anno successivo, e supponendo che il consumo sia a un tasso uniforme, la quantità di grano sempre esistente come minimo deve essere FH, dove F è la frazione dell'anno che manca al raccolto. Quindi F è o subito prima e 1 subito dopo il raccolto, in marzo$\frac{1}{2}$ in giugno$\frac{1}{4}$, e così via. Supponiamo ora un sistema monetario semplice per distribuire questo raccolto, in cui il governo emette H unità di denaro per acquistarlo a settembre e lo rivende durante l'anno. Quindi, poco prima del raccolto, la comunità non ha denaro e non ha grano, subito dopo la mietitura, H di grano e niente denaro e, subito dopo la vendita, H di denaro e niente grano. Questo illustra bene il carattere spasmodico della produzione, che è una delle funzioni del denaro per colmare. A marzo il governo ha$\frac{1}{2}$ H sia di denaro che di grano e la comunità$\frac{1}{2}$ H di denaro, a giugno il governo ha$\frac{3}{4}$ H di denaro e$\frac{1}{4}$ H di grano e la comunità$\frac{1}{4}$ H di denaro, e così via, la quantità di denaro nelle tasche della comunità eguaglia sempre in valore la scorta di grano nel granaio del governo. Si noti, in particolare, che il governo deve *emettere H* unità di denaro solo *una volta*, non ogni raccolto!

È interessante notare che qualcosa di simile a questo semplice sistema esiste per quanto riguarda la distribuzione del grano in Lettonia: l'emissione, chiamata Treasury Notes, è di 104 milioni di Lats (1 Lat = 1 franco svizzero, oggi circa quindici alla sterlina) e l'altra moneta è costituita da circa trentasei milioni di carta e monete e cinquantasette milioni di "credito bancario", con una base d'oro di quarantasei milioni, in Lats. È infinitamente meglio di quando il governo non emette moneta e i produttori, prima del raccolto, sono sempre indebitati per una parte, se non per l'intero, del raccolto che, una volta raccolto, ripaga il loro debito e li lascia di nuovo indebitati per tutto o parte del periodo che precede il successivo. Il fatto fisico essenziale è che ci deve essere sempre *FH* di grano, altrimenti la comunità rimarrà a corto di grano o morirà di fame prima del raccolto successivo, e questo fatto non è alterato dal finanziamento bancario, il cui unico scopo sociale è quello di mantenere i produttori di ricchezza in debito in modo da garantire che lavorino duramente per ripagarlo e non. Questa può essere o meno una necessità economica ma, in tal caso, dovrebbero essere in debito con se stessi, e *questo* è ciò che il denaro è realmente e ciò che fa, chiunque lo emetta.

Economizzare nell'uso del denaro
Il risparmio nell'uso del denaro ora è fallace

È ironico che i metodi inventati dal vecchio banchiere per "economizzare l'uso dell'oro per la moneta", creando denaro senza oro, debbano ora essere usati dallo Stato per economizzare il bisogno del banchiere (nel senso moderno di minatore), se si vuole che lo Stato continui a esistere se non come prerequisito della professione di coniatore. L'idea di economizzare nell'uso della moneta risale ai tempi in cui era necessaria una lunga e precaria ricerca dei metalli preziosi che costavano in media probabilmente molto di più del loro valore. Ora che abbiamo capito che la moneta d'oro e d'argento incarna solo in forma grezza ed elementare il principio della Ricchezza Virtuale, si verifica l'esatto contrario. Il denaro è un debito che la comunità ha nei confronti del proprietario. L'emittente del denaro scompare dalla scena con i beni e i servizi che ottiene in cambio di nulla con l'emissione e, per quanto possa fingere di essere responsabile dell'emissione e del rimborso del debito, il debito non è mai e non potrà mai essere ripagato, ma in un'epoca scientifica continua ad aumentare e a circolare attraverso la comunità, scambiando i loro beni e servizi per sempre.

Dalla precedente illustrazione di possiamo ancora imparare molto sulla natura di qualsiasi sistema monetario. Per quanto riguarda il fatto che nei granai statali c'è sempre tanto grano quanto denaro nelle tasche dei consumatori, molti riformatori monetari hanno sostenuto come una proposizione ovvia che dovrebbe sempre esistere tanto denaro quanto beni e servizi in vendita, e dovremo commentare questa proposizione più avanti. Ma prima notiamo che, in media, metà del denaro in grano, che passa da zero dopo il raccolto ad H poco prima del prossimo, giace sempre nelle casse del governo, "ozioso e sterile" come avrebbero deplorato i vecchi banchieri, ma in realtà per la semplice ragione che non c'è grano da ricevere in cambio.

Gettoni di denaro o credito di libro?

Ora, per quanto riguarda un servizio statale di questo tipo, è chiaro che il governo, invece di conservare il denaro restituito durante l'anno, potrebbe anche bruciarlo come ricevuto, per evitare il rischio di perdita durante la conservazione, ed emettere un nuovo lotto ogni autunno. Oppure, in termini di contabilità invece che di contatori, potrebbe emettere un credito di *H* ai produttori per il loro raccolto e, man mano che il grano viene ricomprato da loro, cancellare il credito. Ciò comporta una nuova emissione di credito a ogni raccolto e la sua distruzione nel corso dell'anno, invece di un'unica emissione di denaro permanente una volta per tutte. In questo caso particolare la contabilità dei crediti è ancora più fedele alla realtà fisica dell'altra, poiché i crediti corrispondono sempre al grano non consumato e non c'è denaro che giace "inattivo e sterile", ma è assolutamente essenziale notare che, se il grano non fosse in effetti un monopolio governativo, ma fosse acquistato dai grossisti nel modo ordinario di fare affari in una società individualista, essi non potrebbero permettersi di cancellare i crediti quando rivendono il grano, per la semplice ragione che non hanno il potere di ricrearli al prossimo raccolto. Questo è possibile solo per un governo che gestisce la commercializzazione. È possibile per le banche perché usurpano la prerogativa dei governi nell'emettere e distruggere il credito della comunità per i beni e i servizi da loro ceduti. Gli usurpatori fanno pagare gli interessi per indebitarsi, mentre tutti i governi democratici emetterebbero denaro per non indebitarsi, se conoscessero i rudimenti elementari del loro mestiere.

Queste osservazioni possono anche servire a illustrare i diversi punti di partenza di due scuole di riformatori monetari: quelli che vogliono una vera e propria moneta nazionale permanente, emessa dallo Stato dopo che l'aumento della produzione è pronto per essere distribuito, unicamente in base alla regolamentazione statistica, per mantenere costante il livello dei prezzi, senza alcun altro ostacolo o impedimento; e quelli che guardano piuttosto a una modifica e a un'estensione del sistema di emissione di crediti *ad hoc* per scopi produttivi definiti, i quali vengono distrutti e ricreati di nuovo a ogni ciclo di produzione e consumo.

Le ragioni per cui in questo libro si preferisce il primo sistema sono molte, ma la ragione principale è che un sistema che deve usare una qualche forma di contatori fisici è molto meno facile da falsificare di un sistema di contabilità. Inoltre, come già indicato, fino a quando non si tornerà a un sistema aperto e inoppugnabile e non si renderà nota la sua esperienza statistica, ci sono molte domande semplici, come la quantità corretta di denaro per un dato tasso di produzione e di consumo, a cui non si può dare una risposta definitiva e che, anzi, sembra che l'obiettivo del sistema attuale sia quello di rendere irrisolvibili. Gli uomini non vivono di solo pane, anche in senso economico, e almeno nelle moderne comunità industrializzate, ma anche in misura crescente nell'agricoltura modernizzata, c'è un flusso abbastanza costante durante l'anno, attraverso l'intero ciclo di produzione e consumo, di pagamenti per le materie prime, i prodotti intermedi e i servizi nella produzione, bilanciati da pagamenti uguali per i prodotti finiti o per il reinvestimento. Anche se la produzione, come nell'illustrazione, è spasmodica, l'uomo non vive di espedienti. Se nei primi tempi del credito monetario una delle sue funzioni era quella di facilitare l'aumento della produzione, ora è il contrario e il problema è quello di distribuire tutto ciò che gli uomini sono già in grado di produrre. In queste circostanze, in particolare, non sembra esserci alcuna ragione per cui il denaro non debba essere permanente e fisico, evitando così il rischio di una contabilità disonesta che può facilmente verificarsi quando il denaro viene continuamente distrutto e ricreato.

Il prestito di denaro dovrebbe essere consentito?

Il punto successivo di interesse è che, sebbene il Governo, quando riceve indietro il denaro, non possa usarlo per comprare grano perché non c'è grano da comprare, nulla impedisce al produttore, quando lo riceve al momento del raccolto, di prestarne una parte a interesse per una parte dell'anno a qualcun altro, che non lo prenderebbe in prestito se non volesse spendere. Limitando ancora la considerazione al denaro emesso in una comunità autonoma allo scopo di commercializzare un'unica merce, il grano, è altrettanto chiaro che l'unico grano che il mutuatario può acquistare è quello che il mutuante stesso richiederà più avanti nel corso dell'anno, e se il mutuatario lo consuma, in modo che non possa "giacere inoperoso nel granaio", il mutuante non può riaverlo quando lo desidera. Tutte queste semplici considerazioni possono servire a sollevare l'ampia questione della fisica, se non dell'etica, del prestito di denaro in generale, in contraddizione con l'investimento vero e proprio, quando l'investitore in effetti spende il suo denaro e può recuperarlo solo trovando qualcun altro disposto a comprare il suo investimento da lui. C'è una crescente scuola di pensiero sociologico, che segue le migliori tradizioni del medievalismo, contro il prestito di denaro in quanto tale, in cui il prestatore non si assume alcun rischio, come invece fa quando affonda il suo denaro in una vera e propria impresa al cui successo o fallimento è legata la sua stessa fortuna.

Più ci si pensa e più sembra che anche il vero e proprio prestito di denaro, puro e semplice, per quanto sia essenziale conservarlo nella fase di transizione verso la nuova era per evitare un'interferenza troppo grande e improvvisa con le abitudini e le idee commerciali, sarebbe già ora, in un sistema di puro credito-denaro correttamente funzionante, una ridondanza retrograda, che annulla con una mano ciò che viene fatto con l'altra. Il denaro è di per sé un debito di beni e servizi, e al di fuori della questione di garantire obiettivi specifici - come permettere a un individuo eccezionalmente intraprendente e capace di raggiungere più rapidamente opportunità di utilità sociale - prestare denaro significa semplicemente creare un nuovo debito monetario privato tra individui che, se le circostanze fisiche fossero tali da giustificare la creazione del nuovo debito, dovrebbe piuttosto essere soddisfatto dall'emissione di nuova moneta. Infatti, nessuno prende in prestito denaro per accumulare, ma solo per essere in grado di consumare, di solito, ovviamente, allo scopo di mettere in produzione nuova ricchezza che sarà pronta per il consumo o l'uso solo in un secondo momento. Un debito di denaro, quindi, di solito toglie dal mercato proprio la stessa quantità di ricchezza finita che il proprietario avrebbe speso il suo denaro e consumato ciò che ha comprato, mentre a causa del lassismo prevalente in queste materie si sente abbastanza libero di richiedere il prestito e consumare di nuovo ciò che il mutuatario ha già consumato.

Assurdità fisica dei prestiti a breve termine

Qualunque cosa si possa pensare dei prestiti di denaro per periodi definiti e lunghi, che coprono la riproduzione della ricchezza che il mutuatario consuma, quando è in grado di restituire ricchezza al sistema prima che il proprietario originale del denaro recuperi il suo denaro e possa toglierlo di nuovo dal sistema, la pratica di prestare denaro a chiamata o con breve preavviso è fisicamente idiota e dovrebbe essere interrotta. È solo una possibilità matematica e non fisica, a causa della quantità variabile in meno con cui viene calcolata la quantità di denaro, che l'uso di contatori fisici renderebbe impossibile. Perché in tal caso non sarebbe possibile, come ora, per il proprietario recuperare nuovamente il proprio denaro senza che qualcun altro lo ceda. In tali circostanze, i rimborsi devono bilanciare i nuovi prestiti, mentre non è eccessivo dire che l'obiettivo del sistema esistente è proprio quello di sfuggire a questa limitazione imposta dal comune buon senso.

Conti correnti e depositi vincolati

Questo può servire a reintrodurre il punto rimandato dall'ultimo capitolo sulla differenza essenziale, in termini di correttezza contabile, tra i conti correnti e i depositi a termine, che il sistema bancario è solito sovrapporre e accorpare. La somma dei due, o "depositi totali", rappresenta il denaro che la banca deve ai suoi depositanti a vista o a breve termine. Quando un cliente trasferisce denaro da un deposito vincolato a un conto corrente non fa alcuna differenza nel rapporto "contante"/credito, e sembra che alcune delle peggiori falsificazioni del sistema monetario derivino da questa procedura ingiustificatamente poco rigorosa. Sebbene un deposito a termine sia nominalmente recuperabile dal proprietario solo con il dovuto preavviso, di solito non si insiste nemmeno sul periodo stabilito. Nel peggiore dei casi la banca si limita ad applicare uno "sconto" per la restituzione del denaro senza preavviso, a meno che non si trovi in difficoltà.

È chiaro che se un depositante riceve dalla banca un interesse sul suo deposito, la banca lo sta pagando solo perché lo ha prestato a qualche mutuatario, presumibilmente a un tasso di interesse più alto. Il denaro non è più in possesso della banca di quanto l'oro dei depositanti sia rimasto nella cassaforte degli orafi quando questi lo hanno prestato a interesse. Se il denaro è definito come il debito di beni e servizi dovuto al proprietario del denaro su richiesta, allora, per arrivare alla quantità totale di denaro esistente, non dobbiamo sommare il denaro nei conti correnti e nei depositi a termine, ma contare solo il primo. Il denaro nel deposito a termine è stato prestato dalla banca, che sta pagando al proprietario un interesse per farlo, e compare o nel conto corrente o nel deposito a termine di qualcun altro.

Se si tratta di quest'ultimo, allora la stessa considerazione vale per il nuovo deposito a termine originario. In altre parole, per arrivare al totale del denaro esistente si devono calcolare solo i conti correnti. Ciò presuppone, come è consuetudine in questo tipo di calcolo approssimativo, che il denaro al di fuori del sistema bancario, nelle mani del pubblico sotto forma di gettoni fisici, non cambi, ma è in ogni caso una proporzione troppo piccola dell'insieme per invalidare seriamente la conclusione.

Come il banchiere evita la sua stessa trappola

Sembra probabile che sia con questo metodo che è stata nascosta la spaventosa distruzione di denaro in atto da quando è stata avviata la politica di deflazione del Comitato Cunliffe. Se si mettono insieme i due tipi di moneta, i soli "depositi" che figurano nei bilanci delle banche non appaiono molto diminuiti. È vero che negli ultimi tempi sono state pubblicate cifre che farebbero pensare che il rapporto tra conti correnti e depositi a termine sia passato, dal 1919, dal rapporto 2 a 1 di allora all'attuale 1 a 1. Ma sembrano falsificate. Ma sembrano falsificati. Per quanto si possa risalire alla loro fonte, sembrano provenire da una tabella pubblicata nel Rapporto del Comitato Macmillan. Certamente nel 1922 lo statistico H. W. Macrosty si lamentava del fatto che queste cifre importanti non venissero pubblicate dal sistema bancario britannico, e stimava che il rapporto fosse allora di 5 a 1, come per le ottocento banche principali del Federal Bank System degli Stati Uniti.

Comunque sia, sembra che l'attuale rapporto i a i sia il più basso che sia possibile raggiungere. Poiché le banche non osano distruggere il denaro effettivamente prestato loro dai depositanti, o si troverebbero esse stesse nella trappola in cui sono finiti coloro ai quali hanno prestato denaro. Questi "depositi a termine" possono essere richiesti dai loro proprietari con breve preavviso, e per un rapporto di 1 a 1, poiché il denaro nei conti correnti dà l'aggregato esistente, possono essere pagati, se non ricreando nuovamente il denaro distrutto, solo trasferendo l'intero denaro nei conti correnti esistenti nei conti correnti dei proprietari dei depositi a termine. Il rapporto di 1 a 1 raggiunto con la deflazione significa che le banche hanno lasciato in circolazione una quantità di denaro appena sufficiente per far fronte a questa passività, e se questa interpretazione della situazione è corretta, allora sembrerebbe che praticamente tutto il resto del denaro esistente sia stato distrutto nei loro frenetici sforzi "per crocifiggere il paese su una croce d'oro e di glutei".

CAPITOLO V

RELAZIONI ECONOMICHE INTERNAZIONALI

Il denaro cattivo ingloba le nazioni

Il sistema che si è sviluppato non sarebbe potuto sopravvivere così a lungo, o rimanere così a lungo camuffato come l'opposto di ciò che è in realtà, se non fosse per la complicazione introdotta nei problemi dalle transazioni economiche internazionali. Visto dal punto di vista di una singola comunità autosufficiente, il gold-standard comporta una contraddizione quasi evidente. Si tratta di un sistema in cui si supponeva che il denaro avesse un valore costante rispetto all'oro e in cui il modo di emettere nuova moneta era tale da ridurre necessariamente in proporzione il valore del resto. Infatti, poiché non ci sono più beni e servizi in vendita rispetto a prima dell'emissione, ciò che è in vendita viene suddiviso tra più unità monetarie, in modo che ognuna di esse valga proporzionalmente meno, e la nuova emissione non fa altro che diluire il valore della vecchia. In pratica, questa contraddizione fondamentale si risolveva in due parti o fasi: il periodo inflazionistico, in cui il livello dei prezzi veniva spinto verso l'alto dalle nuove emissioni, e il periodo deflazionistico, in cui veniva nuovamente spinto verso il basso dalla distruzione del denaro. La fase intermedia, il drenaggio dell'oro fuori dal paese come unico tipo di merce a cui è stato arbitrariamente impedito di salire di prezzo, riducendo così il rapporto "contante/credito", è la fase che porta all'aspetto internazionale del denaro. La cattiva moneta in patria coinvolge gli affari della nazione all'estero.

Banca internazionale

Man mano che l'inevitabile incoerenza alla base del loro sistema diventava familiare alla professione bancaria dei diversi Paesi, si sviluppava un corrispondente sistema di banche internazionali, che lavorava fianco a fianco con i sistemi bancari interni, a reciproco vantaggio e sicurezza di entrambi. In questo modo hanno esteso l'area delle loro operazioni a tutto il mondo civilizzato, rendendo molto più facile per loro sfuggire alla scoperta e alla punizione. Mentre il sistema bancario interno mette a turno le classi debitrici e creditrici all'interno della comunità e le mantiene in perenne conflitto e povertà, il sistema bancario internazionale mette il Paese più povero contro quello più ricco e, riducendo quest'ultimo al livello del primo, è il vero agente che fomenta e perpetua il nazionalismo aggressivo da cui nascono i conflitti internazionali. *Il denaro, dicono i prestatori, deve trovare il proprio livello. Così facendo, trascina al livello più basso gli standard di vita sia degli individui che delle nazioni.*

Nella fase inflazionistica, l'esportazione di merci è resa difficile e non redditizia, a causa dei prezzi elevati e dell'abbondanza di potere d'acquisto nel mercato interno. Mentre l'importazione di beni, per correggere la carenza di ricchezza finita, dovuta al fatto che questa è stata consegnata *gratuitamente* ai produttori per essere utilizzata nella produzione futura, è favorita dagli alti prezzi del mercato interno e dalla possibilità di ottenere dall'estero beni allo stesso prezzo di prima grazie all'uso dell'oro. Nella fase deflazionistica si verifica il contrario. La distruzione della moneta e la richiesta a di prestiti frena l'occupazione e riduce il potere d'acquisto della collettività in concomitanza con l'arrivo sul mercato dell'abbondanza di beni ancora in corso di produzione, e si verifica un crollo catastrofico dei prezzi. L'importazione dall'estero viene impedita e, invece, le merci che non possono essere vendute in patria a causa della distruzione del mezzo di scambio vengono portate di corsa nei porti per essere spedite all'estero a qualsiasi prezzo.

Denaro a chiamata e a breve termine

Nella prima fase, i prestiti del banchiere sono richiesti in patria, ma nella seconda, avendo richiamato i suoi prestiti interni, ha potere di prestito e le sue entrate sotto forma di interessi si stanno esaurendo. È in questo preciso momento che sorge la domanda di prestiti per finanziare il commercio di esportazione. In questa situazione, quindi, si è sviluppata l'attività di prestito di denaro a chiamata e con breve preavviso ai banchieri internazionali che finanziano la spedizione di carichi esportati e importati, sulla base della garanzia di tali carichi. È chiaro che il denaro creato per questo tipo di transazioni, essenzialmente di trasporto, può essere richiamato e distrutto molto più rapidamente di quello investito nella produzione. Dividendo l'attività in prestiti a lungo termine e prestiti a chiamata o a breve termine, e aumentando il rapporto tra i primi nel periodo inflazionistico e i secondi in quello deflazionistico, i banchieri interni sono riusciti a ricavare un reddito più costante prestando la ricchezza virtuale della comunità, che, per quanto riguarda la seconda fonte, condividono con i banchieri internazionali. Tra le principali voci di un bilancio bancario, all'attivo, "Money at Call and Short Notice" e "Bills Discounted" si riferiscono principalmente al mercato dei prestiti internazionali, "Advances, Loans, etc." ai prestiti interni e "Investments" a ciò che le banche hanno acquistato con il denaro che creano per se stesse con le operazioni di mercato aperto.

Come il banchiere internazionale governa il mondo

Prestando e ritirando alternativamente prestiti in patria e ritirandoli e prestandoli all'estero, i banchieri interni e internazionali facevano il gioco degli altri, mantenendo il mondo intero in continuo fermento e i livelli dei prezzi interni sempre in movimento. Ma in questo sordido gioco il banchiere internazionale imparò presto ad avere il coltello dalla parte del manico, a controllare la situazione e a costringere i banchieri interni a seguire il suo esempio. Infatti, prestando in qualsiasi momento a un paese in circostanze che rendono più redditizio per quel paese prendere il prestito non sotto forma di merci ma di oro, con il quale comprare in un paese terzo ciò per cui il prestito è realmente richiesto, può drenare l'oro da ogni paese a turno. In questo modo poteva imporre una deflazione e una rottura dei prezzi che portava a una prolungata depressione economica, fino a ridurre i lavoratori a uno stato d'animo più umile e meno indipendente. Il gold-standard divenne non tanto uno strumento per far rientrare, dopo l'inflazione, le monete di tutti i Paesi che lo adottavano e per mantenere costante il loro valore di scambio relativo, quanto uno strumento per far scendere i salari e i prezzi in tutti i Paesi al livello dei più poveri e arretrati.

Lo scopo principale di questo capitolo sarà quello di cercare di chiarire alcune delle conseguenze troppo complicate di ciò che viene eufemisticamente chiamato banca nella sfera internazionale. Dal punto di vista del prestatore di denaro professionista, e solo da lui, la prosperità è una maledizione. Il suo mestiere è il debito, il suo oggetto la creazione, e la sua supremazia sui creatori di ricchezza dipende dal fatto che i suoi prestiti, essendo fittizi, non potranno mai essere rimborsati. Le frontiere nazionali, ora, sono le sole a sbarrare il suo dominio mondiale, per cui anche quelle devono tramontare.

Il denaro è debito nazionale e non internazionale

La prima considerazione sulle transazioni economiche internazionali è che la moneta di un paese ha significato solo nel paese in cui ha corso legale, o può essere convertita su richiesta in corso legale, per il pagamento dei debiti. È un debito solo di quel paese, o un credito sui suoi marchi e non su quelli di un'altra nazione. Affinché il rapporto di cambio rimanga a una cifra definita senza che l'oro fluisca da un paese all'altro, in ogni paese il valore delle vendite della propria moneta per la moneta dell'altro paese deve essere sempre uguale al valore delle vendite della moneta dell'altro paese per la propria moneta. Così, se il tasso di cambio tra Inghilterra e Germania era, come prima della guerra, di circa venti marchi per la sterlina, 100 sterline possono essere cambiate con 2.000 marchi solo se qualcun altro vuole cambiare 2.000 marchi con 100 sterline. Se sono stati offerti solo 1.800 marchi per 90 sterline, la differenza di 10 sterline può essere cambiata in marchi solo acquistando 200 marchi in oro. In caso contrario, i 1.800 marchi diventano£ 100 o il cambio passa da 20 a 18 marchi per la sterlina.

La seconda considerazione riguarda lo scambio di merci. Affinché il rapporto di cambio non vari e l'oro non fluisca, l'eventuale eccesso di valore delle importazioni rispetto alle esportazioni deve essere bilanciato dal paese che riceve l'eccesso (1) in debito, cioè contraendo un nuovo debito nei confronti del resto del mondo, o (2) essendo già in debito e ricevendo il pagamento degli interessi o il rimborso del capitale per il debito precedentemente contratto dal resto del mondo nei suoi confronti. Se le esportazioni di bilanciano le importazioni (o nella misura in cui questo può essere il caso), esse vengono regolate dall'importatore di ciascun paese di che paga l'esportatore del proprio paese nella propria valuta. Un elaborato sistema di "cambiali", agenti di cambio, agenzie di accettazione, mercati di sconto, ecc. I tecnicismi, che riguardano i mezzi con cui viene fatto, piuttosto che lo scopo effettivo raggiunto, non ci devono trattenere in questa sede.

Per semplificare la complicata questione delle transazioni economiche internazionali, le due proposizioni verranno ora discusse più in dettaglio. È solo al di fuori di queste proposizioni semplificatrici che sorge la complicazione. Entrambe riducono il problema a quello tra un singolo Paese e il resto del mondo nel suo complesso, per evitare di dover considerare gli innumerevoli casi che si presenterebbero se si considerassero tutti i Paesi a coppie, come ovviamente avviene per le transazioni reali. La discussione si preoccupa di distinguere il tipo di transazione che non ha alcun effetto sulla stabilità degli scambi con l'estero da quelle che la disturbano.

Gli importatori pagano gli esportatori della propria nazione

La seconda proposizione viene solitamente data per scontata, ma è bene enunciarla con precisione. Si tratta del fatto che in qualsiasi paese, nella misura in cui il valore delle sue importazioni è compensato dal valore delle sue esportazioni, nei suoi rapporti con tutti gli altri paesi per i quali è vero lo stesso, il commercio è in realtà un baratto e non comporta necessariamente alcuno scambio di denaro tra i paesi. In ogni paese l'importatore paga realmente l'esportatore con la moneta di quel paese. Il caso più semplice è quello in cui sono coinvolti solo due Paesi, ad esempio la Gran Bretagna che esporta aringhe negli Stati Uniti e gli Stati Uniti che esportano il valore equivalente di trattori in Inghilterra. Se l'importatore britannico di trattori paga l'esportatore britannico di aringhe e l'importatore americano di aringhe paga l'esportatore americano di trattori, ciascuno nelle rispettive valute, i conti si quadrano.

Il caso più complicato sarebbe quello di un triangolo con valori equivalenti di aringhe esportate dalla Gran Bretagna in Russia, di platino dalla Russia agli Stati Uniti e di trattori da questi ultimi alla Gran Bretagna. Se immaginassimo che ogni importatore inviasse il proprio denaro in pagamento dell'importazione, la Gran Bretagna avrebbe denaro russo, la Russia avrebbe denaro americano e l'America avrebbe denaro britannico da scambiare con il proprio. Se un paese, ad esempio la Gran Bretagna, prendesse l'iniziativa e inviasse il suo denaro russo alla Russia in cambio del suo denaro americano, potrebbe poi inviare quest'ultimo all'America in cambio di denaro britannico, e tutti sarebbero soddisfatti. Questo è ciò che in effetti si fa con il sistema della cambiale. La cambiale è una sorta di assegno inverso, emesso da chi riceve il denaro e avallato o accettato da chi lo paga. Si tratta in effetti di un I.O.U. che ha esattamente la stessa natura dell'assegno se immediatamente pagabile a vista (un "sight-draft"). Ma di solito è pagabile entro tre o sei mesi dall'accettazione. "Scontare tali cambiali significa creare ora il denaro che l'accettante della cambiale dovrà cedere in seguito alla scadenza. Si tratta di una creazione di denaro, seguita dalla sua distruzione quando la cambiale viene onorata dal suo accettatore, tanto quanto il normale "prestito" bancario. Tuttavia, non ci occupiamo ora di questo aspetto, anche se esso costituisce un caos nelle relazioni commerciali internazionali.

La bilancia commerciale

La proposizione precedente si applica a qualsiasi numero di Paesi, per quanto interconnessi possano essere gli scambi di beni e servizi, purché in ciascuno di essi il valore delle importazioni sia uguale a quello delle esportazioni. O, per dirla in altro modo, il commercio internazionale può essere portato avanti senza complicazioni, come semplice baratto, solo quando si verifica questa condizione. Ma se così fosse, è chiaro che non ci possono essere importazioni senza esportazioni equivalenti e che gli interessi degli esportatori e degli importatori, invece di essere contrapposti, sono uguali. Letteralmente, in ogni paese i primi sono pagati dai secondi. Ma se uno dei paesi del gruppo importa più di quanto esporta, ad esempio se la Russia importa dalla Gran Bretagna più aringhe di quante siano equivalenti al platino che esporta in America, deve essere completamente escluso dal gruppo. Infatti, nel caso esemplificativo in cui ogni importatore pagasse l'esportatore nella propria valuta, non ci sarebbe abbastanza denaro americano in Russia da scambiare con il denaro russo in Gran Bretagna. Nel caso più semplice i russi dovrebbero colmare il deficit inviando oro in cambio del loro denaro. Tutto questo è abbastanza semplice da capire dal punto di vista del denaro come debito immediatamente rimborsabile in beni e servizi su richiesta nel paese in cui è legalizzato (o può essere convertito a piacere in moneta legale), ma del tutto privo di significato al di fuori di quel paese. Il tutto è un'illustrazione dell'annullamento del reciproco inter-indebitamento delle nazioni, che il denaro moderno stesso produce tra gli individui di una stessa nazione. Il sistema degli assegni, così come funziona in una singola banca, è un esempio tra i clienti di quella banca e, esteso dal sistema della Clearing House, tra tutti i clienti di tutte le banche. In ogni caso è solo il residuo squilibrato che conta.

Effetto dei prestiti e dei rimborsi

La proposizione può essere ampliata per includere il caso dei prestiti, concessi ad esempio dal Paese A al Paese B e rimborsati, in conto interessi o in conto capitale, dal Paese B al Paese A. Possiamo chiamare quest'ultimo rimborso degli interessi e dei fondi di ammortamento, per brevità, servizio prestiti. La proposizione è ancora vera se, in ciascun Paese, la differenza tra i valori delle esportazioni e delle importazioni può essere imputata ai prestiti e al servizio prestiti. I primi aumenteranno le esportazioni senza che vi siano importazioni corrispondenti, e i secondi le importazioni senza che vi siano esportazioni corrispondenti. Consideriamo quindi un prestito dal paese A al paese B. A in effetti mette B in possesso del potere di acquistare *in* A beni e servizi, e se B esercita questo potere le esportazioni di A verso B aumentano di conseguenza senza che vi siano importazioni corrispondenti in A da B.

Così con il servizio di prestito, B che rimborsa il suo prestito, o gli interessi su di esso, in effetti mette A in possesso del potere di acquistare *in* B beni e servizi, per cui le importazioni entrano in A da B senza che vi siano esportazioni corrispondenti. Nella misura in cui questa proposizione estesa si applica a ciascuna nazione separatamente di un gruppo di nazioni, allora, per quanto intrecciate e varie siano le relazioni tra i vari Paesi, il traffico internazionale procede senza alcun flusso di oro e senza alcun disturbo per gli scambi con l'estero. Ciò non vuol dire che questi possano comunque avvenire attraverso altri fattori, come i turisti e altri soggetti che prendono o inviano denaro da spendere in altri Paesi. Al contrario, nella misura in cui non è vero per nessuna delle nazioni, le sue transazioni devono essere tagliate fuori da quelle del gruppo in esame e i suoi conti con le altre possono essere quadrati solo dai movimenti dell'oro, dalle fluttuazioni dei cambi o da altri fattori di compensazione. Se tutti i paesi hanno un gold-standard, ci sarà un flusso di oro da quei paesi le cui importazioni superano le esportazioni verso quelli le cui esportazioni superano le importazioni, calcolato nel modo esteso per includere i prestiti e il servizio dei prestiti. Se non c'è uno standard aureo, lo scambio andrà contro i primi a favore dei secondi.

Gli scambi con l'estero

Può essere utile considerare un semplice caso di quest'ultimo. Supponiamo che non venga fatto alcun tentativo di influenzare il cambio tra due paesi, né da parte di speculatori o di altri che detengono valute straniere a preferenza della propria, né da parte di tariffe e sovvenzioni. Allora le importazioni e le esportazioni, a parte quelle pagate con prestiti, servizi di prestito o altre importazioni o esportazioni dirette di denaro, *devono* avere lo stesso valore, indipendentemente dai loro importi relativi. Per riprendere il primo caso, l'importatore britannico di trattori ha sterline da pagare all'esportatore americano che vuole dollari, e l'importatore americano di aringhe ha dollari da pagare all'esportatore britannico che vuole sterline. Il rapporto di scambio tra sterline e dollari significa ed è assolutamente determinato da quanti dollari sono ottenibili per 1 sterlina. Prima che qualcuno in Inghilterra possa scambiare le sue sterline con dollari, qualcuno in America deve possedere sterline da scambiare e volere invece dollari. Lo scambio di denaro è un puro baratto che si applica ai due tipi di denaro esattamente come a due diversi tipi di merci, e il tasso di cambio è semplicemente il rapporto tra le quantità di ciascuno offerte e richieste. L'unica differenza è che di solito il denaro ha un istinto di residenza e ogni tipo tende a tornare il più rapidamente possibile al luogo della sua origine, dove da solo costituisce una rivendicazione legale di ricchezza e può sempre e istantaneamente essere scambiato con essa.

Nel commercio internazionale non è possibile attraversare la frontiera e sostituire un debito per beni e servizi di un paese con un debito per un valore simile di beni e servizi dell'altro. I debiti, cioè i soldi, devono essere scambiati e, prima che qualcuno possa cambiare il denaro straniero con il proprio tipo, qualcun altro deve contemporaneamente volerlo e cedere l'altro tipo per esso. È solo all'interno della giurisdizione di un paese che il sistema bancario può creare denaro come un prestigiatore che fa uscire conigli dal cilindro, per poi distruggerlo di nuovo. Si può pensare che i nostri banchieri siano singolarmente poco progressisti perché non hanno ancora creato una moneta internazionale oltre all'oro, ma di solito queste persone sono più preoccupate della propria comodità e della possibilità di spostarsi da un paese all'altro che di qualcosa che va completamente al di là della loro comprensione come questo aspetto del denaro. Sarebbe un piccolo risarcimento per l'America dover cedere su richiesta di denaro internazionale, ad esempio, una casa a un cittadino britannico, perché quest'ultimo aveva una casa in Gran Bretagna ma l'aveva scambiata con un altro britannico per il denaro.

Lo standard aureo trascina tutte le nazioni al livello del più basso

L'obiettivo apparente di un certo numero di paesi che si uniscono per rendere le loro monete convertibili in oro, cioè per adottare il gold-standard, era semplicemente quello di facilitare la contabilità tra le nazioni. Infatti, se, come nell'esempio precedente, la Russia esporta negli Stati Uniti meno platino di quanto la Gran Bretagna abbia esportato aringhe in Russia, la differenza è compensata da una spedizione d'oro dalla Russia alla Gran Bretagna, e i conti sono stati pareggiati. Ma sfortunatamente nella pratica la corretta contabilità internazionale sotto lo standard aureo, operando con la contabilità completamente falsa all'interno delle nazioni separatamente, dove il denaro veniva creato e distrutto arbitrariamente a piacimento, arrivò a significare che ogni nazione veniva a sua volta frustrata e riportata allo standard di vita prevalente nelle nazioni più povere e arretrate. Finché un prestito da un Paese a un altro è un prestito di beni e servizi, e il rimborso avviene anch'esso sotto forma di beni e servizi, non si verifica alcuna fuga di oro. I cittadini del paese debitore hanno il potere di indentare sui mercati del paese creditore in un caso, e i cittadini del paese creditore su quelli del paese debitore nell'altro. Nessun denaro passa la frontiera.

Ora, è naturale che i Paesi che prestano siano più ricchi e sviluppati di quelli che prendono a prestito in senso monetario. Ma è quasi altrettanto naturale, se usiamo i termini ricchi e poveri nel senso originario di ricchezza o benessere, che i costi di produzione tendano a essere più alti nei Paesi ricchi che in quelli poveri. All'inizio, naturalmente, come nell'epoca vittoriana dell'acquisizione, i metodi scientifici di produzione, esponendo il lavoratore alla concorrenza diretta della macchina, riducono questi costi. È stato questo che ha permesso alla Gran Bretagna di diventare la fabbrica del mondo intero. Ma quando questi metodi si generalizzano e tutte le nazioni si dotano degli stessi impianti per il risparmio di manodopera, il costo di produzione tenderà ad essere più basso dove i salari sono più bassi, cioè nei paesi in cui il tenore di vita è più basso e meno protetto da riduzioni da parte dei sindacati dei lavoratori e delle legislazioni migliorative, come le assicurazioni contro la disoccupazione e la sanità.

Non sono necessarie altre considerazioni per chiarire che, anche se i paesi più poveri prenderanno in prestito da quelli più ricchi in senso monetario, i mutuatari troveranno sempre più vantaggioso prendere in prestito denaro piuttosto che beni e servizi, e spendere il denaro in paesi ancora più poveri dove i costi sono più bassi e le cose di cui hanno bisogno sono più economiche. Si verifica quindi la situazione triangolare di un paese A che presta a un altro B che non compra in A ma in un terzo paese C, e paga drenando oro da A a C, facendo precipitare in A la deflazione e un periodo di prolungata paralisi economica. Così, inevitabilmente, il gold-standard agisce per mantenere tutto il mondo povero come la nazione più povera che compete per i mercati.

Effetto della liberalizzazione delle borse estere

Esaminiamo ora questo stesso caso con gli scambi assolutamente liberi di regolarsi. Se A presta denaro a B, B deve prenderlo come beni e servizi da A. Viceversa, se B rimborsa un prestito ad A, A deve prenderlo come beni e servizi da B, perché qualsiasi tentativo di acquistare in un paese terzo C metterà subito il cambio a sfavore del paese che sta cercando di acquistare e renderà più redditizio per l'acquirente evitare di scambiare denaro e questo può farlo solo acquistando nel paese da cui il denaro è stato ricevuto. In queste circostanze gli scambi si avvicinano a riflettere, come dovrebbero, il valore relativo delle monete, ciascuna nel proprio paese. La parità di scambio significa quindi le quantità relative delle varie monete che, ciascuna nel proprio paese, acquistano la stessa quantità media di beni e servizi. Per essere più precisi, in media non c'è alcun vantaggio economico nel cambiare denaro. Nella misura in cui gli individui si trovano nella necessità di farlo e le loro necessità non si annullano a vicenda, il cambio si muoverà a sfavore del Paese che, a conti fatti, sta cambiando la propria moneta per pagare un debito estero, rendendo così più facile l'estinzione del debito direttamente con il trasferimento di beni e servizi piuttosto che con lo scambio di denaro in perdita.

Di solito si sostiene che è impossibile mantenere costante il livello dei prezzi interni e il rapporto di cambio con l'estero, e che la scelta deve essere fatta tra i due. Ma in questo caso l'argomentazione è volta a dimostrare che è essenziale lasciare gli scambi liberi di trovare la propria parità, quando il livello dei prezzi interni è stato stabilizzato. Supponiamo due paesi in cui la parità di scambio rifletta l'uguale potere d'acquisto delle due monete, ciascuno nel proprio paese.

Per quanto riguarda l'argomentazione, possiamo per semplicità ignorare le differenze di qualità tra le importazioni e le esportazioni dell'uno o tra le esportazioni e le importazioni dell'altro paese, e persino supporre che ogni paese importi esattamente le stesse cose che esporta, come in effetti accade in qualche misura nel nostro folle sistema, con grande confusione degli uomini di mare. Allora lasciamo che un paese. A, sia inflazionato mentre l'altro, B, mantenga un livello di prezzi costante, essendo gli scambi abbastanza liberi di regolarsi. I beni del paese A diventano più cari. In questo modo, le esportazioni del paese A vengono bloccate e le importazioni stimolate. Ma poiché in entrambi i paesi l'importatore paga l'esportatore del proprio paese nella propria valuta, a meno che il tasso di cambio non si aggiusti da solo, gli importatori di A pagheranno agli esportatori più beni di quanti ne abbiano esportati, mentre gli importatori di B pagheranno agli esportatori di B meno di quanti ne abbiano esportati, il che, come direbbe Euclide, è assurdo. L'espediente di immaginare che i beni importati siano uguali a quelli esportati rende semplicemente più chiaro ciò che tende ad accadere, senza distorcere sostanzialmente la verità. I debiti contratti da A in B, a saldo delle importazioni in eccesso rispetto alle esportazioni, possono essere compensati solo dalla maggiore quantità di denaro di A in B che si scambia con la minore quantità di denaro di B in A, dal momento che ciascuno dei due è inutile per gli esportatori che forniscono le merci finché non viene scambiato con l'altro. Ma questo è esattamente ciò che è successo, perché ci vuole una quantità maggiore di denaro di B per comprare in B le stesse merci di prima. Quindi, lungi dal tentare di pareggiare il cambio, qualsiasi tentativo di farlo significa derubare Pietro per pagare Paolo, e quanto più rapidamente il cambio si rivolge contro un paese che svilisce la propria moneta, tanto meglio è per tutti gli interessati. Ma la speculazione privata sui cambi deve essere completamente fermata e anche il cambio della moneta nazionale con quella di altri Paesi deve essere posto sotto la diretta supervisione nazionale.

Uso corretto dell'oro

In tutto questo non c'è nulla di minimamente negativo al fatto che l'oro venga usato come una comoda forma di merce per correggere disturbi puramente temporanei o spasmodici degli scambi. Per questo, anzi, è molto adatto.

Ma deve essere considerato come una merce e svincolato completamente dalla sua funzione di "standard aureo", che consiste nel produrre con i suoi flussi in uscita e in entrata riduzioni e aumenti di trenta volte della quantità totale di denaro. Una moneta stabilizzata a un numero indice o a un livello di prezzo costante, aumentando la quantità totale di denaro, man mano che l'aumento della produzione immette sui mercati quantità crescenti di beni destinati al consumo, troverebbe ancora un certo possesso medio di oro come vantaggio per stabilizzare gli scambi. Se un altro paese con moneta convertibile in oro cominciasse a inflazionarsi, le sue maggiori importazioni sarebbero pagate dal deflusso di oro finché ne ha, ma l'oro che si accumula nel paese che esporta verso di lui tenderebbe, in questo sistema, a valere meno di prima rispetto alla media degli altri beni. Questo sarebbe un effetto della stessa natura del cambio che va contro il paese che svilisce la sua moneta. Ma, per quanto riguarda il paese con una moneta stabile, l'oro è solo una delle merci che può acquistare all'estero e, a parte la convenienza di usarlo per appianare le fluttuazioni spasmodiche del cambio, è libero di importare o esportare quanto più o meno a suo vantaggio economico.

CAPITOLO VI

REQUISITI FISICI
DI UN SISTEMA MONETARIO

Il denaro nella nuova economia

È stato necessario approfondire l'evoluzione dell'attuale sistema monetario e mostrare come esso stia operando per mantenere il mondo nella sua attuale condizione altamente pericolosa ed esplosiva. Nel corso di questa esposizione sono stati avanzati alcuni suggerimenti per la sua riforma. Questi dipendono, almeno in parte, dalla nuova e originale interpretazione delle realtà fisiche dell'economia che è stata trattata in parte nell'introduzione. È probabile che siano compresi più facilmente da coloro che sono impegnati in attività produttive piuttosto che da coloro che sono stati formati da abitudini di pensiero obsolete, tra le quali, purtroppo per il mondo, è stata finora selezionata la maggior parte dei leader e degli amministratori.

Non è possibile mescolare queste vecchie e nuove filosofie più di quanto sia possibile mescolare la scienza con la stregoneria e la magia, o per un uomo moderno pensare e agire nello stesso orizzonte di idee di un popolo primitivo. Soprattutto la nuova economia dell'abbondanza o il sistema monetario necessario per distribuirla non possono essere spiegati nei termini della vecchia economia della scarsità. In questa nuova filosofia il denaro stesso appare per la prima volta nella sua vera luce, essendo, invece di ricchezza, solo una ricevuta per la ricchezza volontariamente ceduta in cambio di essa; usato in breve come un gettone di credito. Oggi permettiamo che il mondo intero sia in mano a persone che hanno scoperto come farsi cedere la ricchezza senza nemmeno stamparne le ricevute; in una civiltà scientificamente controllata l'emittente di denaro avrebbe per il resto dell'organismo economico la stessa funzione che l'addetto alle prenotazioni di una stazione ferroviaria svolge per il resto del servizio ferroviario. *Così come quest'ultimo deve rendere conto del denaro che riceve in cambio dei servizi ferroviari che distribuisce, l'altro dovrebbe rendere conto dei beni e dei servizi che riceve in cambio del denaro che distribuisce.* Un'idea così semplice è il punto di partenza della nuova era. È vero che i biglietti di denaro sono permanenti e, una volta emessi, continuano a circolare per sempre senza essere distrutti o annullati. Ma, a parte questo, sono coinvolte le stesse considerazioni di ordinario buon senso che si applicano a una ferrovia.

Ora non c'è carenza di ricchezza

Nella nuova economia non c'è alcuna difficoltà a creare ricchezza. Il lavoro e il capitale disoccupati aspettano solo di ricevere l'ordine di procedere in tal senso. Se si capisse una volta per tutte che, quando l'avranno fatto, la nazione emetterà il denaro per distribuire il prodotto allo stesso livello di prezzo che prevaleva al momento in cui sono stati sostenuti i costi legati alla loro produzione, non sarebbe necessario nient'altro per garantire che tutto il lavoro e il capitale disoccupati vengano permanentemente messi in piena attività produttiva. Da quel momento la nazione, come è ovvio, si impegnerebbe a fondo per la creazione di ricchezza da consumare e utilizzare, così come, durante la guerra, si impegnava a fondo per la creazione di ricchezza da distruggere. Secondo l'autore, è esagerato supporre che sia arrivato il momento in cui è impossibile impiegare utilmente una parte del lavoro e del capitale disponibili. Senza dubbio sarà necessario un considerevole riorientamento del sistema produttivo per far fronte alle mutate condizioni, ma per molto tempo ancora avremo pieno utilizzo di tutti e di tutto ciò che può contribuire alla ricostruzione del mondo.

Ma chi vuole saperne di più sui principi da osservare per ottenere questo risultato deve essere pronto, a questo punto, a tagliare la corda e a separarsi dalla vecchia scuola metafisica degli economisti, che si rendevano conto delle implicazioni fisiche di fondo dell'argomento non più dell'uomo tecnicamente non addestrato. Per un uomo di scienza è quasi incredibile che un gruppo di uomini, che si spaccia per esperto in questa materia, non sia riuscito per quasi un secolo a distinguere chiaramente tra le conseguenze di un vero e proprio prestito e quelle di chi finge di prestare creando nuova moneta come "credito bancario

Motivo

La differenza tra l'economista e il sociologo da un lato, e la mente scientificamente preparata dall'altro, non potrebbe essere meglio illustrata che nel trattamento del movente umano, con il quale ci si sarebbe potuto aspettare che il primo avrebbe contribuito più del secondo. L'economista non vede in esso nulla di più profondo del desiderio di "profitto" da parte di un'orda competitiva di individui acquisitivi. Il sociologo riempie volumi con la discussione di "ismi", personificando nelle vesti di sempre dei e demoni, e dando lettere maiuscole a protagonisti immaginari evocati per spiegare nulla di più umano di errori di conteggio e truffe economiche, più grossolane (perché più universali) della falsificazione di pesi e misure. Lo scienziato dà per scontato che, in una società individualista, se gli uomini non riescono a procurarsi un sostentamento in qualche modo devono cessare di esistere per l'ordinario processo di inedia, e che era meglio non nascere. Riconosce, tuttavia, che non esiste alcun potere sulla terra, o all'inferno, che possa impedire in modo permanente agli uomini di avvalersi di tutto ciò che la loro conoscenza e abilità possono ricavare dalla natura per il loro sostentamento, giungendo così a una teoria ampia e soddisfacente della guerra, della rivoluzione, del sabotaggio e della lotta sociale, che si adatta a quest'epoca come un guanto.

La ricchezza esistente

Può essere utile iniziare questa breve rassegna degli ovvi principi fisici che devono essere osservati se si vuole che il denaro svolga il suo ruolo corretto in una comunità individualista, con una proposizione banale ma fisicamente importante. Se consideriamo tutto ciò che ha un valore economico e che distingue la civiltà attuale da quelle precedenti, possiamo essere certi che deve essere stato prodotto e non ancora consumato. Nella nostra civiltà avanzata è raro che le persone trovino o producano effettivamente le cose che desiderano. In pratica gli uomini si limitano a qualche forma di lavoro specializzato, affidandosi per il resto alle attività di altri. Questo fenomeno è noto come divisione del lavoro e, anche se in senso sociologico si è sempre più diffuso il significato di una scala sociale con una parte centrale sovraccarica di lavoro e un tempo libero volontario o involontario ai due estremi, è il senso puramente economico dell'espressione che si intende. Le cose prodotte direttamente dai proprietari per l'uso e il consumo, in quanto eccezionali, possono essere considerate come prodotte da persone che lavorano per se stesse, che tuttavia hanno bisogno di sostentamento mentre lo fanno non meno di coloro che sono impiegati per produrre per altri. È quindi naturale distinguere due *scopi* principali della ricchezza, a seconda che venga consumata per vivere, nel "consumo assoluto", come diceva Ruskin, o per produrre nuova ricchezza per uso e consumo futuro.

Consumo per la produzione e per il tempo libero

La distinzione è vagamente espressa nella connotazione monetaria ordinaria dei termini spendere e guadagnare. Ma, da un punto di vista fisico, entrambe le azioni implicano ugualmente il consumo di ricchezza consumabile e l'uso di ricchezza non consumabile o permanente, per quanto le cose consumate o usate, sia per vivere che per produrre per il futuro, possano differire nei dettagli. Ma non è solo questo il motivo di una certa confusione di pensiero in materia. In un'epoca di desiderio, la maggior parte delle persone non chiedeva più di quanto, ed era contenta di ottenere, sarebbe stato in grado di mantenerle in uno stato ragionevole e confortevole ai fini della produzione. I salari, o comunque gli stipendi, almeno nei livelli più bassi ed esposti alla concorrenza, non sono mai stati altro che fissati dalla retribuzione media necessaria per consentire al lavoratore di svolgere la propria attività in modo efficiente, secondo le modalità consuete, con il tenore di vita e lo status sociale abituali per quel tipo di attività, e di provvedere al sostentamento della famiglia o all'addestramento di una nuova generazione per lo svolgimento delle stesse occupazioni. Certo, c'è sempre stata una notevole elasticità nel determinare la retribuzione, così come nel grado di comfort e soddisfazione che persone diverse traggono dalla stessa retribuzione, in base a un'immensa gamma di circostanze e attitudini individuali.

Ma in un'epoca di abbondanza potenziale, con le crescenti opportunità di svago offerte dalla crescente efficienza del processo produttivo, la distinzione sta assumendo un'importanza molto maggiore e sembra auspicabile separare più nettamente l'uso del "giusto vivere", il vero uso del tempo libero, dall'altro. Il tempo libero sta diventando non più un lusso o una ricompensa per la vecchiaia, ma una necessità economica universale, al di fuori del processo produttivo e a prescindere da ciò che il termine è stato solitamente inteso come una ricreazione sufficiente a mantenere il lavoratore in forma mentale e corporea. Solo la morte potrebbe liberare il mondo da coloro che, pur facendo spesso abbastanza poco, considerano un salario superiore al livello di sussistenza come un sintomo malsano e bisognoso di una correzione finanziaria attraverso la deflazione. Non c'è dubbio che, dal punto di vista psicologico, questo sia alla base delle disastrose politiche finanziarie che il Paese ha perseguito dal dopoguerra.

Ricchezza consumabile e capitale

Ma anche dal punto di vista fisico esiste una divisione molto reale della ricchezza in due categorie, al di fuori di quella appena sottolineata, che, pur avendo anch'essa un carattere finalizzato o funzionale, dipende da caratteristiche fisiche completamente diverse. Si tratta della distinzione tra ricchezza consumabile e ricchezza non consumabile. È questa che la nuova economia ha sottolineato. La sua importanza fondamentale era completamente al di fuori della comprensione della vecchia economia. Le confusioni esistenti, soprattutto in , sulla natura di ciò che si intende con il camaleontico termine Capitale, comprese tutte le sue derivazioni e ramificazioni nelle controversie sociologiche sul "Capitalismo", sembrano avere origine principalmente dalla negazione di questa differenza essenziale. Così per Marx (1859) "La ricchezza di quelle società in cui prevale un modo di produzione capitalistico si presenta come un'immensa accumulazione di merci". Mentre per un nuovo economista guidato dalla teoria energetica della ricchezza, come già accennato, un'immensa accumulazione di merci semplicemente marcirebbe. È del tutto impossibile, e per di più molto poco redditizio, cercare di accumulare una ricchezza sufficiente anche solo per la vecchiaia dell'individuo. Egli ha bisogno quotidianamente di nuova ricchezza, e l'accumulo è di debiti e non di ricchezza. Inoltre, questi debiti di capitale hanno la stessa identica peculiarità del denaro come debito. Non potranno mai essere ripagati!

Per l'individuo non ha molta importanza se il credito che possiede sul reddito comunitario della ricchezza sia un puro debito, come quello nazionale, che gli fornisce un reddito fornito dalla tassazione dei redditi propri e altrui, o se derivi dalla produzione di un'impresa produttrice di reddito alla quale ha prestato o affidato del denaro e che ha contribuito ad avviare. Ma anche se si tratta di quest'ultimo caso, il capitale produttivo dell'impresa stessa è di solito quasi del tutto privo di valore, se non viene utilizzato per lo scopo particolare per cui è stato fornito, o se vengono inventati mezzi migliori per soddisfare il bisogno.

Debiti in conto capitale non rimborsabili

In questo senso, il capitale produttivo è ricchezza per l'individuo solo perché (1) può essere scambiato con un altro individuo o (2) perché può chiedere un affitto o un canone per l'utilizzo dell'impianto che ha contribuito a fornire. Se non è di proprietà nazionale, dal punto di vista della comunità è, come il debito nazionale, solo una fonte di reddito per il proprietario del debito a spese del resto della comunità. Entrambi sono fisicamente irrecuperabili.

La considerazione essenziale alla base di quanto detto è che, sebbene le due categorie di ricchezza possano scambiarsi tra gli individui, l'una non può essere trasformata nell'altra a piacimento. Il cambiamento può avvenire solo in un modo, da ricchezza consumabile a ricchezza permanente, alimentando e mantenendo i produttori di ricchezza. È una questione di scelta se i produttori debbano allevare maiali e coltivare mais o costruire fabbriche, e il mantenimento richiesto da un tipo di produttore non è essenzialmente diverso da quello richiesto dall'altro. Ma la scelta una volta fatta è irrevocabile. Dal punto di vista della nazione, lo scambio di un tipo di ricchezza con l'altro, che sia A o B a possedere l'uno o l'altro, non ha importanza. L'uno possiede la ricchezza e l'altro il debito, esattamente come nello scambio tra ricchezza e denaro.

Considerazioni sull'energia

Questa distinzione fisica tra ricchezza consumabile e non consumabile è in fondo una distinzione energetica. Nella classe dei beni consumabili propriamente detti, come cibo, carburante, esplosivi e simili, abbiamo a che fare con cose che sono utili perché sono consumabili o distruttibili. Nella categoria delle ricchezze permanenti abbiamo a che fare con cose che sono utili perché sono durevoli e resistono alla distruzione. In questa categoria si è soliti distinguere la ricchezza permanente di cui le persone fanno uso e di cui hanno bisogno nella loro vita personale e domestica da quella che appartiene alle loro attività di produttori, e a cui si può applicare senza ambiguità il termine "capitale produttivo". Per i primi sono sufficienti i "beni personali". Prima di lasciare il punto, approfondiamo un po' il motivo per cui questa distinzione è così fondamentale. Le qualità fisiche contrapposte sono, superficialmente, la capacità di cambiare e la capacità di durare, o la mutevolezza e la durata, ma questo nasconde solo un significato più profondo. La prima classe, con il suo cambiamento, fornisce il flusso di energia che aziona gli esseri animati e i meccanismi inanimati, mentre per la seconda, proprio perché è richiesta la durata, è il contrario. Non sono affatto utilizzati come serbatoi interni o fonti di energia, ma devono essere in grado di resistere al cambiamento o all'alterazione quando sono soggetti a forze o sollecitazioni esterne. Perché il cambiamento spontaneo nella sfera materiale avviene solo accompagnato da un cambiamento di energia analogo a quello dell'acqua che scorre in discesa. La nostra distinzione in fondo è tra le cose che possono cambiare, producendo un tale flusso di energia che aziona la vita, e quelle che possono resistere al cambiamento quando sono sottoposte all'energia che tenta di fluire (forza o stress).

In pratica, nei casi limite, distinguiamo in base alla funzione, cioè a quale delle due qualità contrapposte è quella utile. Vestiti e simili, che devono durare il più a lungo possibile, sono considerati permanenti, anche se per questi la moda opera per spostarli nella classe dei beni di consumo più del necessario, essendo le motivazioni del produttore e del consumatore (nel nostro pazzo mondo) antagoniste. Mentre una bistecca di manzo, per quanto dura possa essere, è utile solo nella misura in cui è consumabile, e nella misura in cui resiste alla digestione è indesiderabile.

Capitale produttivo non distribuibile

In questo senso del Capitale, come prodotto non consumabile del consumo di ricchezza consumabile, non c'è distinzione, per esempio, tra una casa usata come abitazione privata e una usata come fabbrica. Entrambe sono il prodotto del dispendio di lavoro o di energia, e nella misura in cui possono essere fonti di energia (cadendo o prendendo fuoco) sono indesiderabili. Ma dal punto di vista dei consumatori c'è questa importante distinzione: una casa privata entra a far parte dei beni richiesti per l'uso dei consumatori, mentre la fabbrica no. Il suo scopo è intermedio, come osservava Ruskin a proposito del Capitale, e non lascia mai il sistema di produzione. Può cambiare mano all'interno del sistema produttivo, ma questo non ha un particolare significato nazionale per quanto riguarda la contabilità che riflette la sua esistenza. Tuttavia, entrambi sono essenzialmente identici se consideriamo solo il loro modo di produzione. Questo era senza dubbio nella mente di J. S. Mill nella sua affermazione "La distinzione tra Capitale e Non-Capitale non risiede nel tipo di merce, ma nella mente del capitalista, nella sua volontà di impiegarla per uno scopo piuttosto che per l'altro". Tuttavia, quando ha deciso e agito in base alla sua decisione, entra in gioco una distinzione molto importante. Fin dai tempi di Adam Smith è stato comune riferirsi a uno stock di merci e impianti, mentalmente contrassegnati per l'uso nella produzione, come Capitale, e da questo estendere l'uso della parola al denaro destinato a questo scopo.

In economia è impossibile fare definizioni o distinzioni logiche a prova di bomba e universalmente applicabili in tutti i casi. Anche in meccanica le leggi diventano diverse quando si ha a che fare con velocità paragonabili a quella della luce, anche se nell'ambito dell'ingegneria pratica queste complicazioni sono, almeno per ora, del tutto prive di significato. Ma ci deve essere un uso coerente dei termini all'interno dell'intervallo, spesso piuttosto ristretto, a cui si applica l'argomento. È molto più importante che essi abbiano un significato stretto, noto e definito, piuttosto che il loro significato sia reso così ampio e vago da coprire ogni possibile eventualità. Perché in tal caso, come nelle controversie politiche e sociologiche, possono significare una mezza dozzina di cose diverse in momenti diversi nel corso di una stessa argomentazione. Per quanto riguarda il Capitale, sarebbe probabilmente meglio non usare mai questa parola.

Il capitale sotto il comunismo e l'individualismo

Dal punto di vista del presente libro, l'uso del termine è limitato al prodotto non consumabile della ricchezza consumabile utilizzato per la produzione di ricchezza, ed è considerato come la sottocategoria della ricchezza permanente, distinta dai beni privati per la sua funzione nella produzione. Non si tratta di intenzioni, ma delle conseguenze fisiche delle azioni. È solo in questo senso che le controversie sulla nazionalizzazione dei mezzi di produzione, distribuzione e scambio e le differenze tra comunismo e individualismo hanno un significato reale. Le forme di governo hanno un significato molto minore di quello che si è portati a pensare. Nessuno mette in dubbio la necessità del capitale nel senso sopra indicato, in generale solo in proporzione al progredire della civiltà. Ogni nuovo progresso nella produzione è dovuto a qualcosa di analogo all'evoluzione dell'aratro in trattore, che richiede che un numero sempre maggiore di persone sia messo da parte e mantenuto mentre si producono e si mantengono in ordine gli impianti necessari per la produzione, ma non si produce effettivamente nulla di ciò che il consumatore finale richiede.

In uno Stato comunista questo non è meno vero che in altri. Lì il governo, in quanto proprietario di tutto, preleva quanto necessario non solo per i propri servizi, ma anche per la fornitura di nuovo capitale, e i produttori effettivi ottengono tutto ciò che resta della ricchezza consumabile e utilizzabile privatamente. In una società individualista, per la quale stiamo esplorando il ruolo che il denaro deve svolgere, il capitale è fornito dagli "investimenti", il che significa che le persone, invece di consumare tutto ciò che guadagnano a titolo privato o personale, autorizzano altri a spenderlo in imprese che producono reddito, sul cui prodotto acquisiscono un diritto di pegno. Dopo di che, però, possono riavere il loro capitale, in qualsiasi forma utile per loro, solo scambiando il loro credito con qualcun altro in cambio di nuova ricchezza.

La conseguenza è che, in ogni Stato individualista moderno, c'è sempre una grandissima quantità di produzione che non aggiunge nulla direttamente ai prodotti che le persone acquistano in qualità di consumatori, e che deve essere giustificata da "investimenti" o da qualche forma di "risparmio", in cui i titoli di consumo vengono ceduti dai proprietari e trasferiti ad altri. Inoltre, questa parte della spesa è a livello nazionale, del tutto irrecuperabile e irripetibile.

Tutti i costi di produzione sono Distribuiti ai consumatori

Non influisce minimamente sulla contabilità il fatto che questo consumo di "capitale" sia destinato ad alleggerire il lavoro e a ridurre i costi della produzione futura e, se ha successo, lo fa davvero. In fisica non ci sono né interessi né sconti, né prestiti né mutui. Tutti questi elementi si riferiscono solo ad accordi di proprietà reciproca che le persone possono decidere di prendere tra di loro. Nella contabilità fisica non entrano nemmeno i vari elementi che compongono il costo o il prezzo, né le distinzioni tra la proporzione relativa di materie prime, lavoro, spese generali, profitto, interessi e affitto, o tra prezzo all'ingrosso, prezzo al dettaglio, prezzo di costo, prezzo di vendita e simili. Non ci preoccupiamo di come il costo o il prezzo venga suddiviso tra i vari individui che vi partecipano, ma solo del totale, sicuri che chiunque lo riceva, e a qualsiasi titolo, ne godrà appieno a livello individuale, che sia guadagnato o non guadagnato, giusto o ingiusto, per servizi positivi o solo negativi e permissivi. Sebbene molte di queste cose, ovviamente, possano fare una grande differenza per il benessere sociale di una comunità e, in particolare, per la proporzione relativa in cui una società individualista può scegliere di utilizzare la propria ricchezza per il consumo e l'uso personale o per la spesa produttiva, queste cose sono tutte *successive* alla questione del meccanismo contabile.

Produzione per i consumatori

Separiamo le due funzioni essenziali che si svolgono sempre insieme, in modo da vederle ciascuna per sé, e supponiamo di avere a che fare con un sistema che non aumenta né diminuisce la sua produzione, e con il denaro a un indice di prezzo costante del potere d'acquisto. Per quanto riguarda la produzione e il consumo di ricchezza per uso privato e personale, possiamo dividere la circolazione propriamente detta del denaro in due metà, quella della produzione e quella del consumo. Le due metà del circolo si uniscono (1) quando il denaro viene versato dalla metà della produzione sotto forma di salari e servizi, per immettere ricchezza nel lato della produzione, e quindi trova la sua strada nelle tasche dei consumatori (2) dove il denaro viene restituito dai consumatori al sistema di produzione per acquistare il prodotto che hanno prodotto in un precedente periodo equivalente di produzione. La circolazione del denaro è infinita, e solo la ricchezza consumabile e utilizzabile privatamente prodotta esce al punto (2) per essere consumata. L'aggregato totale versato in relazione alla produzione di una determinata quantità di cose prodotte è il prezzo, ed è solo perché questo denaro è stato versato che il prodotto può essere acquistato e lo stesso denaro utilizzato di nuovo per produrre una nuova quantità. Lo stesso denaro gira in continuazione distribuendo una successione infinita di beni e servizi al consumatore.

Come già indicato, è un errore da principianti immaginare che tutti i costi sostenuti dall'industria non vengano distribuiti per acquistare il prodotto. È assolutamente errato supporre che vi sia una qualche differenza tra di essi. Le spese generali, gli interessi, gli affitti e i profitti, così come i salari, gli stipendi e i costi dei materiali, sono tutti pagamenti a individui che non li accumulano nelle loro calze, ma li spendono o li investono, nella loro veste privata di consumatori, esattamente come le altre persone. Per quanto riguarda questo unico scopo, la produzione e la distribuzione ai consumatori finali, i costi sostenuti bilanciano i costi distribuiti.

Produzione per produttori

Ma se consideriamo il secondo scopo, la produzione di capitale, il prodotto non viene mai distribuito ai consumatori, ma rimane per tutta la sua vita utile nel sistema di produzione. Quando si costruisce una fabbrica, il prodotto viene pagato dalle persone, invece di andare al mercato dei consumatori per comprare cose per il loro uso e consumo personale, e viene restituito direttamente al sistema di produzione, autorizzando i produttori a spenderlo di nuovo come salario, ecc. per costruire la fabbrica, ma la fabbrica non viene mai distribuita ai consumatori e non potrà mai esserlo. Questo può essere espresso dicendo che l'investimento o il risparmio bypassano il mercato dei consumatori. Il denaro che circola, invece di prelevare la stessa quantità di ricchezza che immette a ogni rivoluzione, ora circola attraverso il sistema produttivo due volte creando nuovi beni, ma li preleva solo una volta, determinando un aumento della ricchezza nel sistema produttivo. Ma questo aumento è "capitale produttivo", inutile per le esigenze dei consumatori e, di fatto, non viene mai distribuito.

L'accumulo di debiti

Il capitale produttivo viene accumulato attraverso la creazione di un debito permanente e irripetibile di proprietà dell'investitore e a lui dovuto in perpetuo. Lo stesso, come vedremo presto, vale per ogni aumento della quantità di beni di consumo nel corso della produzione, oltre che per il capitale fisso, e questo è il più importante errore di contabilità finora commesso dagli economisti monetari, perché finché non si capisce questo è del tutto impossibile mantenere un valore fisso per il denaro o un livello costante dei prezzi. Sia per l'aumento del capitale fisso, sia per le sostituzioni e i rinnovi di impianti obsoleti o logori, sia per l'aumento dei beni *in corso di* produzione in un'epoca di espansione, se l'espansione non deve essere effimera, il sistema di produzione distribuisce *molto più* denaro di quello che riceve per i prodotti che distribuisce, e la differenza è il debito di capitale che si accumula, sotto il quale tutte le nazioni gemono.

Soluzione del problema della disoccupazione

Il problema immediato da risolvere è quello di riportare subito alla produzione utile tutta la manodopera e il capitale disoccupati disponibili. La stima più prudente è che in questo Paese si otterrebbe subito un aumento del venticinque per cento. Ciò significa che in pochi mesi tutti starebbero in media il venticinque per cento meglio di prima. Ma l'aumento reale che ne deriverebbe, se la produzione non fosse più strozzata dalla manipolazione del denaro, non può essere stimato dalle cifre attuali, perché gran parte della produzione è ora distribuita accumulando costi di distribuzione superflui e ridondanti, e questo non sarebbe più necessario. È perfettamente corretto emettere nuova moneta dopo che l'aumento del tasso di produzione è avvenuto per un tempo sufficiente a far apparire sul mercato la maggiore quantità di beni. I rivenditori hanno allora nuovi beni di valore pari alla nuova moneta emessa per distribuirli. Ma è del tutto sbagliato emetterlo come debito verso l'industria per consentire l'*avvio* della nuova produzione. Ciò è esattamente analogo alla creazione di un ufficio prenotazioni prima della costruzione della ferrovia e al finanziamento della costruzione della ferrovia attraverso la vendita anticipata di biglietti.

Costo di incremento della produzione non rimborsabile

Un semplice esempio illustrativo può servire a chiarire questo punto fondamentale. Supponiamo che si voglia distribuire settimanalmente un milione di sterline di beni e che ci vogliano trenta settimane dall'inizio alla fine della produzione prima che il primo nuovo milione di sterline di valore appaia in vendita, dopodiché ogni settimana ne apparirà una quantità simile. Se i costi di produzione sono uniformi nel periodo di produzione, allora la comparsa del primo nuovo milione di sterline di ricchezza corrisponde alla spesa non di un milione di sterline, ma di quindici milioni di sterline - in generale, della metà del prodotto del tempo in settimane e della quantità prodotta a settimana. Oltre al prodotto finito, ci saranno trenta settimane di produzione di prodotti non finiti che vanno dal valore zero all'inizio al valore pieno alla fine e, in media, della metà del valore del prodotto finito. Tutto questo viene sottratto al valore del denaro esistente grazie all'estensione del credito al produttore, senza che nessuno rinunci a nulla. Il denaro perde valore in proporzione all'aumento, perché la nuova emissione toglie dal mercato l'equivalente dei prodotti finiti senza rimetterne nessuno sul mercato. Mentre, per quanto riguarda i quindici milioni di sterline di prodotti intermedi che immette, *questa quantità deve rimanere per sempre*, tanto quanto ne esce, a meno che la nuova scala di produzione aumentata non debba essere ridotta di nuovo a ciò che era all'inizio.

Il caso è del tutto analogo a quello di chi inizia a distribuire petrolio per mezzo di un nuovo oleodotto e non tiene conto della quantità necessaria a riempire i tubi. Sempre quella quantità di petrolio deve essere immessa più di quanto ne esca, cosicché questa parte della ricchezza fluida vendibile deve essere contabilizzata nel sistema monetario esattamente come capitale fisso e pagata con un investimento permanente, in cui si by-passano i consumatori e il denaro pagato fuori dal sistema di produzione viene rimesso direttamente in esso senza toglierne nulla.

Scambio di proprietari in contrasto con con la creazione di ricchezza

Prima di lasciare le complessità relative agli scambi tra ricchezza e denaro, offuscate piuttosto che chiarite dal termine vago di "circolazione", che hanno indotto gli economisti a ogni sorta di impressioni sulla sua "velocità" e sui cambiamenti conseguenti agli aumenti e alle diminuzioni della stessa nell'aumentare e nel diminuire il tasso di produzione della ricchezza, possiamo, per completezza, considerare alcune delle operazioni meno essenziali. La divisione del ciclo in due parti, una parte di produttori e una di consumatori, è un espediente per eliminare gli scambi non essenziali, e non resta che considerarli. Si tratta di cambiamenti di identità dei singoli proprietari di beni. Dal lato dei consumatori, ogni tipo di scambio avviene principalmente per quanto riguarda i beni permanenti, le vendite di case, proprietà, mobili, e lo stesso vale, dal lato della produzione, per quanto riguarda gli impianti, le fabbriche e gli investimenti che rappresentano la proprietà o i crediti nei confronti del sistema produttivo. Non sembra nemmeno importante che gli individui che possiedono proprietà private possano scambiarle con investimenti di capitale e viceversa, perché in questi casi i proprietari si scambiano lasciando la ricchezza dov'era. La circolazione del denaro propriamente detta si distingue da tutti questi meri scambi di proprietà in quanto è essenzialmente uno scambio di servizi per la creazione di nuova ricchezza finita, ed è solo in questo scambio che nasce nuova ricchezza.

La quantità di denaro non può essere calcolata

Ma la complessità dimostra che non è possibile calcolare in anticipo esattamente la quantità di denaro che deve essere emessa per distribuire un determinato aumento del tasso di produzione. Non si può semplicemente dire che ci deve essere sempre tanto denaro quanto sono i beni in vendita. Un punto simile, su cui hanno richiamato l'attenzione alcuni scrittori recenti, è la maggiore quantità di denaro "assorbita" nel sistema produttivo attraverso la crescente complessità dei metodi di produzione e il numero di organizzazioni diverse che trattano in serie la ricchezza nel corso della produzione, che è una delle conseguenze della divisione del lavoro. Dobbiamo evitare calcoli infiniti di questo tipo.

Le abitudini e i costumi prevalenti sia tra i produttori che tra i consumatori non possono essere eliminati dalla questione della quantità di denaro che dovrebbe esistere per distribuire, a un livello di prezzo costante, una determinata produzione, o di come questa debba essere aumentata con l'aumento della produzione. Nell'illustrazione data, quindi, sarebbe necessario solo un milione di sterline di nuovo denaro se, dopo che il sistema si è stabilizzato all'aumento della produzione, ci volesse in media una settimana perché il denaro, dopo la sua presentazione al mercato dei consumatori, vi arrivi di nuovo. È difficile anche solo ipotizzarlo, in base ai dati che possono esistere su un sistema monetario in cui la quantità è calcolata a partire da un numero negativo sempre variabile, e in cui la quantità esistente è sconosciuta a causa dell'offuscamento della distinzione tra depositi correnti e depositi a termine. Per ragioni analoghe, l'ammontare degli investimenti genuini necessari, come costruzione preliminare del sistema verso una produzione più elevata, è completamente incalcolabile. Dipende interamente da innumerevoli fattori medi, nessuno dei quali è noto con certezza, in relazione alla natura della maggiore produzione richiesta dal pubblico, anch'essa sconosciuta in anticipo.

L'indice dei prezzi determina la quantità di denaro

Fortunatamente non è necessario approfondire questi fattori sconosciuti, perché l'indice dei prezzi stesso, nel sistema descritto, regola il tasso di emissione della nuova moneta. Postulando che il denaro venga creato, o se necessario distrutto, solo su ordine degli statistici che osservano i movimenti dei prezzi, e che poi venga emesso ai consumatori come sgravio dalle tasse, l'indice dei prezzi sarebbe controllato con gli stessi principi con cui la velocità di un motore viene controllata dal macchinista. Quest'ultimo non può sapere in anticipo l'effetto integrato dei fattori che influenzano la velocità del treno, come la pendenza, l'efficienza del motore, la temperatura e la pressione del vapore e così via. Si limita ad aprire l'acceleratore se vuole andare più veloce e a chiuderlo se vuole andare più lento, lasciando il resto al suo fuochista. La produzione di nuova ricchezza con i processi più efficienti e rapidi può essere tranquillamente lasciata al tecnologo.

È sufficiente avere un sistema per creare nuovo denaro se il livello dei prezzi tende a diminuire e le merci invendibili ad accumularsi, e per distruggerlo se diventano più scarse e i prezzi tendono a salire. Questo è del tutto impossibile con l'attuale sistema bancario, ma del tutto possibile con un sistema razionale, scientifico e nazionale, progettato in accordo con le realtà fisiche a cui la produzione e il consumo di ricchezza devono conformarsi. Immaginare il contrario significa tentare di conservare un sistema in cui il denaro viene emesso non per distribuire ricchezza, ma come fonte di reddito. Se c'è una lezione che la storia del denaro insegna, è che quando la sua emissione viene utilizzata come mezzo per arricchire l'emittente, sia esso lo Stato, la banca o il falsario, è il potere più disintegrante e pericoloso mai inventato dall'uomo. Se esiste una volontà aziendale o un senso di pericolo aziendale in una comunità, è imperativo imparare questa lezione prima che sia troppo tardi.

Gli sprechi della distribuzione

Ma prima di lasciare questo argomento, si può sottolineare ancora una volta come gran parte dell'attuale sforzo dell'umanità sia diretto all'accumulo di ogni sorta di inutili costi di distribuzione per distribuire il prodotto e consentire a tutti di partecipare alla produzione limitata, che è implicato dal nostro sistema monetario fondamentalmente falso. Se questi costi venissero eliminati, come naturalmente verrebbero gradualmente eliminati, avendo sempre una quantità di denaro sufficiente per distribuire tutto ciò che può essere prodotto, potremmo sperare non in un aumento del venticinque per cento della prosperità, ma in un aumento di quattro o cinque volte. Come sottolinea Sydney Reeve nei suoi scritti, oltre l'ottanta per cento dei costi si accumulano nel "commercialismo" a causa di una concorrenza del tutto inutile per la *vendita* dei beni, mentre i costi della loro produzione sono ridotti a una frazione dell'uno per cento. Questa è senza dubbio la conseguenza più grave del fatto che gli economisti ortodossi hanno scambiato lo scambio di beni con la loro creazione e non si sono preoccupati affatto di quest'ultima.

Il ruolo del denaro riassunto

Riassumendo questo conto come meccanismo di contabilità, troviamo, prendendo l'ampia definizione di costi spiegata (p. 149), che tutto ciò che esiste di ricchezza d'uso per i consumatori è contabilizzato o pagato dalla vera circolazione del denaro, attraverso i sistemi di produzione e di consumo, il denaro essendo pagato fuori dal primo per i servizi nella produzione di ricchezza e di nuovo in esso per prendere la ricchezza prodotta fuori. La ricchezza esistente è la differenza tra ciò che è stato prodotto e ciò che è stato consumato, e questa cambia continuamente proprietario per mezzo dei movimenti di denaro tra i singoli consumatori, a parte e senza effetto sulla circolazione reale. Per quanto riguarda la ricchezza utile ai produttori, che è soggetta allo stesso scambio perpetuo di proprietari per mezzo di analoghi movimenti di denaro tra i produttori senza effetto sulla circolazione reale, e che viene a esistere allo stesso modo della ricchezza dei consumatori per mezzo di questa circolazione, essa non viene, in senso stretto, contabilizzata o pagata, ma i costi di produzione si accumulano come un debito permanente sul sistema di produzione. Lo stesso vale per tutta la ricchezza dei consumatori nel corso o nel processo di produzione, e il fatto che alla fine venga distribuita ai consumatori non fa alcuna differenza per la contabilità, poiché i sistemi economici devono funzionare continuamente e per sempre senza essere liquidati. D'altra parte, il denaro stesso è un'attività nella redazione del bilancio dei costi, per il fatto che i suoi possessori lo accettano e lo considerano un pagamento completo, anche se in realtà è una promessa di pagamento futuro. In questo senso, ciò che viene ceduto in cambio di beni e servizi - la Ricchezza Virtuale - è disponibile per pagare una parte dei costi sostenuti nel sistema di produzione, ma non può che essere, in generale, una piccola parte anche dei costi particolari considerati da ultimo, cioè quelli affondati nella ricchezza nel corso della produzione. Nessuno schema di riforma monetaria può essere corretto, né alcun sistema monetario valido, in cui tutta la ricchezza esistente non possa essere contabilizzata in un modo come quello sopra descritto.

CAPITOLO VII

DEBITI E RIMBORSI

L'era del potere più che delle macchine

Le vecchie idee convenzionali sul progresso umano, secondo cui esso deriva dai benefici dell'associazione umana e della divisione del lavoro, che rendono ogni membro della comunità in grado di contribuire, quando è impegnato in una forma specializzata di occupazione, molto di più al fondo comune di ricchezza di quanto sarebbe possibile se ognuno dovesse provvedere autonomamente alle proprie esigenze, pur essendo abbastanza vere nella misura in cui lo sono, toccano appena le origini del fondamentale passo avanti nel progresso raggiunto in quella che dovrebbe essere chiamata l'età scientifica. Gli strumenti, in senso lato, sono sempre stati considerati i veri civilizzatori, in quanto aumentavano l'efficienza di chi li utilizzava nei vari compiti della vita. Ma questa fase è ormai superata. Chi parla di età delle macchine mette il carro davanti ai buoi. Le macchine moderne sono di solito imitazioni più forti, più instancabili e più accurate delle funzioni produttive specializzate degli uomini; e devono essere alimentate proprio come gli uomini. Se non vengono alimentate, sono morte come un cadavere. Sebbene gli uomini non abbiano ancora imparato a nutrirsi direttamente di combustibile, si dice che durante la guerra alcuni piroscafi fluviali tropicali siano stati fatti funzionare con noci di scimmia e, dopo la guerra, si dice che agli agricoltori americani del Middle West sia stato consigliato di usare il loro grano come combustibile per tenere alto il prezzo. Dal punto di vista scientifico, c'è meno distinzione tra manifattura e macchina-fabbrica di quanto si creda. In entrambi i casi è l'energia che viene presa in considerazione. Che essa derivi da un uomo o da un animale, alimentato con cibo, o da una macchina alimentata con carburante, è di minore importanza per quanto riguarda l'obiettivo, che è la produzione di ricchezza.

Gli uomini, in senso economico, esistono solo in virtù della capacità di attingere all'energia della natura. Le civiltà primitive dipendevano quasi interamente dal suo flusso. Sfruttavano la luce del sole per allevare il cibo e il bestiame da tiro, attingevano ai venti per spingere le loro imbarcazioni e, in una certa misura, anche ai fiumi per azionare le loro ruote idrauliche. Ma a tutto questo si aggiunge una riserva di energia accumulata in combustibile da giorni prima che l'uomo facesse la sua comparsa sul mondo. La termodinamica ci ha insegnato come convertire il calore che fornisce con la combustione in energia meccanica. L'operaio primitivo era il trasformatore intelligente del flusso di energia del sole. L'ingegnere moderno ha ampliato la sua funzione, sostituendo in misura considerevole l'operaio nella produzione. Ma nessun uomo crea l'energia, per quanto possa sembrare che crei ricchezza. La ricchezza, nel senso economico dei requisiti fisici che permettono e potenziano la vita, è ancora come un tempo il prodotto del dispendio di energia o di lavoro. Ma ora è in gran parte prodotta da macchinari alimentati a combustibile, che incorporano i movimenti essenziali necessari per ogni fase della produzione in un ciclo che si ripete automaticamente, piuttosto che da individui che lavorano con la propria volontà e il proprio potere. La natura è stata schiavizzata e l'uomo può, anzi deve, essere libero.

Denaro Non Rimborsabile Debito Nazionale

In questo libro ci occupiamo principalmente meccanismo di contabilità e distribuzione, che permette alla produzione generalizzata e sociale di procedere senza intoppi, combinando i vantaggi dell'associazione umana e della divisione del lavoro con la distribuzione del prodotto per uso e consumo individuale e personale. Non c'è il minimo dubbio che l'invenzione del denaro, sostituendo le prime forme patriarcali e feudali di comunismo, abbia originariamente aggiunto enormemente alla libertà dell'individuo. La tendenza moderna verso il comunismo è interamente dovuta al fatto che la funzione primaria del denaro, la distribuzione della ricchezza prodotta socialmente, è stata sostituita da una funzione del tutto subordinata ed estranea: come emettere denaro in modo da renderlo una fonte di reddito per l'emittente e di interesse perenne. Questo potrebbe essere più facilmente comprensibile se coloro che hanno rinunciato alla ricchezza per il denaro ricevessero l'interesse pagato sull'emissione, ma invece lo pagano! L'interesse nasce dalla comparsa simultanea di due voci uguali sui due lati di un registro bancario, dove da un lato si accredita al mutuatario la somma presa in prestito e dall'altro la si addebita. Finora i contribuenti non hanno notato una peculiarità contabile simile ma opposta nei conti nazionali. Ogni anno ricevono delle note di richiesta che riportano gli importi spesi per i servizi, le cui voci più importanti sono le Amministrazioni locali e l'Istruzione, ognuna delle quali costa£ 48 milioni. Ma la voce più importante, Servizi bancari£ 100 milioni, o giù di lì, viene omessa. Allo stesso modo, nei conti delle

Entrate, la voce corrispondente "Interessi su beni e servizi riscossi come credito bancario" non compare!

Debiti di capitale non rimborsabili.
"Risparmio" Convenzionale

A parte questa irregolarità, abbiamo visto che mentre la circolazione del denaro attraverso le metà del ciclo della produzione e del consumo contabilizza correttamente la produzione e la distribuzione di beni di consumo, usando il termine per connotare la ricchezza d'uso per i consumatori, contabilizza la produzione di capitale nel sistema di produzione stesso come un debito nei confronti dei singoli investitori, e questi debiti si accumulano continuamente e non possono mai essere ripagati, perché rappresentano spese per cose che non vengono mai distribuite e, se lo fossero, sarebbero del tutto inutili per l'investitore.

È interessante notare che proprio lo stesso errore, che fa del denaro un debito nei confronti delle imprese private quando è per sua stessa natura irrecuperabile, è, per quanto riguarda il capitale, anche alla base di tutte le stantie controversie politiche e sociologiche tra capitalismo e socialismo. Come retaggio dell'economia non scientifica e confusa dell'epoca vittoriana, nei circoli politici persiste la più straordinaria confusione su questa questione in relazione alla nazionalizzazione e a schemi simili, e su questi dovremo tornare. Ma, a meno che gli individui non preferiscano affidarsi a uno Stato benevolo che li sostenga nella vecchiaia, devono "risparmiare" e tutto questo risparmio è convenzionale: prestare un'eccedenza di entrate rispetto alle spese per recuperarla in seguito e, nel frattempo, ricavarne un reddito come interesse. Ma non c'è ricchezza disponibile, al di fuori del flusso o delle entrate di ricchezza del sistema produttivo. Questo è reale. Tutto il resto è mera contabilità tra debitori e creditori. I crediti si accumulano sul reddito della ricchezza, sia per quanto riguarda l'uso del capitale produttivo, derivato dall'affitto di esso da parte dei proprietari agli utenti, sia sul reddito dello Stato, raccolto con la tassazione, per far fronte al servizio dei prestiti da esso raccolti. Questi prestiti sono quasi interamente destinati a spese che non producono reddito, ossia guerre distruttive per la maggior parte e miglioramenti e sviluppi nazionali necessari per la minor parte.

Necessità di un indice dei prezzi costante

Questo, senza alcun altro argomento, è sufficiente per affermare che nessun sistema monetario può essere onesto o degno della fiducia della comunità o di altre nazioni che hanno rapporti economici con esso, se non mantiene un indice dei prezzi invariabile. Ciò diventa ogni giorno più evidente grazie all'amara esperienza della guerra e del dopoguerra. Prima che si comprendessero gli insidiosi metodi di truffa che consistono nel mantenere il livello dei prezzi sempre in movimento, c'erano molti pronti a sostenere che, se i costi di produzione diminuiscono grazie ai miglioramenti scientifici nella fabbricazione, il prezzo dei beni dovrebbe diminuire nella stessa misura. In questo modo ogni debito aumenta sottilmente il suo onere e il creditore viene messo in possesso di un beneficio non concordato, al di fuori e in aggiunta a quanto previsto dall'obbligazione per quanto riguarda il pagamento degli interessi e il rimborso del capitale. Una volta che si permette questo, il sistema economico diventa semplicemente una cabina di regia per la lotta degli ingegni, in cui gli agenti e i rappresentanti della classe creditrice cercano, come le banche, di ottenere qualcosa in cambio di niente. Questo può avvenire solo se coloro che producono ricchezza accantonano più di prima per servire la stessa quantità nominale di debito e, quindi, può derivare solo da una corrispondente riduzione della quota di coloro che la producono.

Si darà quindi per scontato che il denaro del futuro dovrà avere un potere d'acquisto costante in termini di media, sufficientemente vicina, delle cose che viene utilizzato per comprare, da un secolo all'altro, prima che sia possibile qualsiasi reale progresso dall'attuale vergognoso orticello di conflitti perpetui nominalmente tra "capitale" e "lavoro", ma in realtà tra creditori e debitori, che l'organizzazione creativa nazionale è stata lasciata diventare sotto l'attuale sistema economico e monetario disonesto.

Come ne beneficeranno i lavoratori

Naturalmente ci si chiederà subito, almeno da parte di coloro che vogliono il cambiamento, in che modo, in un sistema del genere, il lavoratore beneficerà dell'abbassamento del costo di produzione dovuto al miglioramento futuro. È facile capire che egli, in questa misura, perde il vantaggio se deve condividere con la massa dei creditori preesistenti il beneficio che deriverebbe dalla riduzione dei prezzi.

D'altra parte, se si impedisce che i costi scendano man mano che le condizioni dell'industria migliorano, ai produttori è garantito un mercato per la loro produzione massima, purché sia quella effettivamente richiesta dal pubblico. Non c'è limite all'emissione di nuova moneta, se correttamente effettuata, finché sono disponibili manodopera e capitale disoccupati. Questa domanda illimitata di lavoro e di capitale restituirebbe il potere contrattuale al lavoro senza alcun bisogno di azioni collettive, la cui unica arma efficace, lo sciopero, colpisce in realtà più direttamente il tenore di vita dei lavoratori, sabotando la produzione con cui vengono pagati sia loro che i creditori. Di solito i lavoratori che hanno meno riserve rispetto a quelli che hanno accumulato risparmi, sono i più colpiti da questo tipo di guerra. Mentre con la riduzione dei costi di produzione che si traduce in un aumento del turnover e la crescente concorrenza tra i datori di lavoro per la totalità dei lavoratori disponibili (come durante la guerra), i salari devono aumentare fino a quando questi ultimi non ottengono una parte equa delle economie derivanti dall'aumento della produzione. Allo stesso tempo, il principio alla base del nuovo sistema monetario dovrebbe essere applicato ai nuovi debiti di capitale. Non dovrebbe essere possibile, con un tratto di penna, per nessuna società aumentare il proprio debito nominale nei confronti degli azionisti ed emettere nuove azioni senza che questi ultimi apportino l'intero valore in capitale fresco. Ma è giusto che coloro che si assumono il rischio di perdite nel fornire capitale all'industria partecipino con i lavoratori all'aumento della prosperità. Questi punti, tuttavia, sono realmente coperti dalla possibilità di estinguere tutti i debiti dopo un periodo definito, uno schema che esula dalla tematica del denaro propriamente detta, ma che verrà ripreso alla fine di questo capitolo come caratteristica essenziale della nuova prospettiva su queste questioni che la comprensione fisica di esse fornisce.

Regolazione della moneta
in base all'indice dei prezzi

Siamo così giunti al punto che la prima considerazione del benessere nazionale o generale è un denaro che acquista sempre la stessa quantità media di cose che è impiegato per acquistare. Le persone oneste hanno tutto da guadagnare e nulla da perdere con l'onestà. Sebbene non si possa pretendere che sia stato ancora elaborato il modo ideale di fissare il livello dei prezzi, si tratta di un problema che potrebbe essere tranquillamente lasciato a un ufficio disinteressato di statistici, analogo per funzione agli uffici di standardizzazione o, in questo Paese, al National Physical Laboratory, che si occupano della determinazione assoluta degli standard di peso, lunghezza e volume e controllano i pesi e le misure effettive con cui vengono effettuate le transazioni economiche. In realtà, esiste già un'esperienza sufficiente nella determinazione dei livelli di prezzo e dei numeri indice, da parte del Board of Trade e di varie altre istituzioni, che rende abbastanza certo che non sorgerebbero serie difficoltà nella pratica.

Bisogna ricordare che, proibendo in modo assoluto la continua variazione arbitraria della quantità di denaro in ogni istante dell'esistenza, da cui ora dipende il "sistema bancario", e rendendo la sua quantità nota e definita, la vera causa della disastrosa fluttuazione del livello dei prezzi verrebbe eliminata all'inizio, ed è del tutto assurdo argomentare da ciò che è accaduto in passato su ciò che accadrà in futuro. Ovviamente è impossibile mantenere costante il livello dei prezzi in un sistema bancario, in cui il denaro viene creato e distrutto arbitrariamente, estendendolo e ritirandolo sotto forma di prestiti o crediti all'industria, prestiti che possono essere impiegati solo nei preparativi per la produzione futura e dai quali si devono ricavare sia interessi che profitti. Ma se la nazione emettesse denaro per i consumatori, come remissione delle tasse, solo quando la ricchezza finita è in attesa di essere venduta oltre a quella che può essere venduta dal denaro esistente senza che il livello dei prezzi crolli, allora non potrebbero verificarsi cambiamenti apprezzabili in quest'ultimo.

Un semplice indice dei prezzi

Rimane, è vero, la questione tecnica di quale livello di prezzo fissare e come calcolarlo, ma nel mondo economico stabilizzato che ne deriverebbe, la questione sembra di secondaria importanza rispetto al vantaggio di fissare il prezzo di qualsiasi media rappresentativa delle cose che il denaro viene usato per comprare. Eliminando la creazione di denaro come mezzo per guadagnare interessi e creandolo per i consumatori, il sistema economico entrerà in relazioni di equilibrio definite tra tutti i vari fattori che determinano i prezzi relativi delle diverse categorie dell'immensa varietà di cose acquistate e vendute. Diventerebbe un sistema altamente conservativo e stabile, completamente irriconoscibile da quello che è ora, con il denaro che viene continuamente drenato da una parte per essere iniettato in un'altra e, per tutto il tempo, la quantità esistente viene gonfiata e sgonfiata come una concertina.

Sembra che, per cominciare, un semplice indice basato, ad esempio, in prima istanza sul costo medio della vita di una famiglia di artigiani qualificati, , possa essere utile. Sarebbe compito di statistici imparziali che studiano le tendenze consigliare di volta in volta se l'indice può essere, in generale, migliorato e reso più rappresentativo. Sembra in ogni modo auspicabile, per evitare un'iniziale e sconvolgente orgia di scommesse, stabilizzare il numero indice dei prezzi al livello attuale. A prescindere da ciò, si potrebbe costruire un bilancio medio settimanale o annuale che rappresenti, in quel momento, le principali voci, separatamente, del costo della vita del tipo di famiglia scelto come tipico. In qualsiasi momento futuro, le stesse voci nelle stesse quantità calcolate allora, se calcolate nuovamente ai nuovi prezzi prevalenti, dovrebbero ammontare allo stesso totale, per quanto possano differire individualmente tra loro, se il livello dei prezzi non cambia.

L'Ufficio statistico

Questo illustra il principio, anche se naturalmente nella pratica il lavoro effettivo dell'ufficio statistico previsto dovrebbe coprire l'intera gamma delle attività economiche della nazione. Una delle sue funzioni dovrebbe essere non solo quella di raccogliere ma anche di interpretare i dati e di rispondere a richieste specifiche, non solo per il Governo ma anche per tutti gli organismi rappresentativi che svolgono il lavoro economico della comunità. Di certo non dovrebbe essere un Dipartimento del Governo più di quanto lo siano la Legge o le Università, o sotto uno qualsiasi di essi, e soprattutto non sotto il Tesoro. Sarebbe un errore fatale , poiché il Tesoro sarebbe l'unico dipartimento direttamente interessato ai profitti dell'emissione di nuova moneta. La tentazione di emettere troppo e di truffare i creditori sarebbe sempre presente. La nuova moneta non deve essere emessa con l'obiettivo di fornire una fonte di entrate per il sollievo dei contribuenti, anche se questa è la conseguenza necessaria.

L'ufficio statistico dovrebbe essere nominalmente alle dirette dipendenze della Corona o del capo supremo dello Stato, chiunque esso sia, e occupare la stessa posizione, come organo consultivo disinteressato incaricato di precise funzioni metrologiche, del National Physical Laboratory. Le sue raccomandazioni dovrebbero essere formalmente sottoposte al Parlamento e, di norma, dovrebbero avere un seguito automatico.

Una zecca ricostituita

Per l'effettiva emissione della moneta nazionale, la Zecca dovrebbe essere ricostituita per coprire non solo le monete ma anche la cartamoneta. Le emissioni verrebbero consegnate al Tesoro e aggiunte alle somme prelevate con la tassazione. Come abbiamo visto, l'emissione di denaro a credito è in realtà un prelievo forzoso o una tassa sulla comunità, e il denaro stesso è la ricevuta che il proprietario di ha reso in cambio di un valore equivalente, e ha diritto alla restituzione dello stesso valore su richiesta. Il denaro dovrebbe recare la dicitura "Valore ricevuto" anziché "Promessa di pagamento" e la dichiarazione che ha corso legale nel paese di emissione. Il pubblico dovrebbe considerarla come emessa per rimandare i pagamenti che altrimenti sarebbero chiamati a pagare con le tasse, e dovrebbe capire che, se in qualsiasi momento ne viene emessa una quantità eccessiva, verrà ritirata in parte imponendo la tassazione posticipata e distruggendo la quantità di denaro necessaria per evitare che il valore del resto scenda sotto la pari. Il denaro apparirebbe allora per la prima volta pubblicamente nella sua vera luce, come un debito permanente fluttuante e infruttifero o una responsabilità dell'intera comunità nei confronti dei suoi proprietari, rimborsabile in beni e servizi su richiesta attraverso lo scambio reciproco all'interno della comunità.

Critiche alle proposte di Nazionalizzare le "banche "

A parte le fasi iniziali e di transizione, in cui potrebbe essere necessario, e probabilmente lo sarà, continuare a concedere crediti ai produttori fino a quando questi non saranno in grado di liberarsi dal debito - come farebbero rapidamente in un sistema monetario onesto - ciò di cui la nazione ha bisogno non sono più crediti ai produttori, ma più denaro per i consumatori, e il modo corretto di emetterlo è un sollievo per i contribuenti in generale. Le proposte dei socialisti di nazionalizzare le banche non mostrano alcuna comprensione nemmeno di come far funzionare il sistema in modo da assicurare un livello di prezzi interno stabile, che è la *conditio sine qua non* di qualsiasi reale progresso verso una giusta prosperità economica. Sembrano contemplare di fare esattamente ciò che le banche stanno facendo ora, con un costo finale rovinoso per le industrie della nazione, con l'unica differenza che i profitti verrebbero destinati ai loro sforzi di beneficenza e assistenza. Naturalmente si obietterà che i profitti dell'emissione di nuova moneta sarebbero destinati ad aiutare imprese *realmente* benefiche per il pubblico. Ma questo, con la necessità che si tratti di imprese competitive o di forme di patrocinio governativo, è una contraddizione in termini. Saranno dati a chi il governo riterrà opportuno, e questo, per essere sicuri, è per aiutare prima di tutto e sempre se stessi, proprio come ora viene dato a e attraverso la Banca d'Inghilterra!

I socialisti non sembrano mai consapevoli del fatto che il popolo stesso è un giudice migliore di ciò di cui ha bisogno rispetto a qualsiasi governo che abbia mai avuto nella storia passata, o che probabilmente avrà in futuro. L'intera struttura di amenità e beneficenza, in cui i bisognosi sono finanziati con ciò che il contribuente generale può essere costretto a fornire, cadrebbe a terra come un mazzo di carte, se ognuno avesse la possibilità di provvedere con i propri guadagni a quanto basta e avanza per i propri bisogni.

Prevenire è meglio che curare

Prevenire è meglio che curare e il mondo viene mantenuto malato da coloro che desiderano che peggiori, per avere l'opportunità di curarlo. Questa è la caratteristica più sorprendente del mondo di oggi. Le cose vanno male e, subito dopo, si assiste a interessi acquisiti nella cura. L'intera burocrazia moderna è impegnata nelle conseguenze di errori piuttosto elementari e facilmente comprensibili ed è la cosa più impopolare del mondo insinuare che gli esseri umani sono davvero molto più capaci di prendersi cura di se stessi piuttosto che lasciarli a coloro che ne curano i disturbi. La quantità di disoccupazione che deriverebbe dalla prevenzione degli errori noti che hanno mandato fuori strada la civiltà scientifica è spaventosa da contemplare. comporterebbe che la maggior parte delle persone che ora cercano di venderci le cose debbano prestare i loro servizi per produrle, e che la maggior parte di coloro che traggono il loro sostentamento dall'occuparsi degli affari di Stato debbano interessarsi tranquillamente ai propri. È vecchia come le colline, la saggezza ippocratica della cura contrapposta alla coltivazione esculapica della salute, ora diventata universale; in breve, ciarlataneria *contro* conoscenza.

Liberate nelle fontane della vita e del tempo libero l'inondazione di energia che il tecnologo ha ora sotto controllo, e il mondo si curerebbe rapidamente dalle erbacce che prosperano nel suo terreno affamato.

Interessi sui debiti

Sebbene il fardello del debito che si accumula nelle società individualiste si trovi al di fuori di esse in senso stretto, il tema è così legato ad esse e così vitale per il futuro di queste società che non può essere ignorato. La spiegazione fisica è la quantità di manodopera molto maggiore che deve essere spesa per gli strumenti o gli impianti necessari a far funzionare la produzione di energia rispetto ai metodi primitivi. L'enorme capacità dei moderni motori primi consente di ottenere una produzione su scala corrispondente, ma allo stesso tempo rende la fornitura degli impianti necessari al di fuori delle capacità dei singoli individui. Da qui è nata la società per azioni, grazie alla quale i risparmi di un gran numero di persone possono essere impiegati in un'unica impresa.

In nessun ambito si assiste a un'inversione di idee così totale, nel passaggio da un'economia del bisogno a un'economia dell'abbondanza, come in quello degli interessi sui debiti.

In primo luogo, sarebbe del tutto errato supporre che esista una base fisica per le cosiddette leggi dell'interesse, semplice e composto. La prima legge si applica quando l'interesse viene pagato periodicamente, la seconda quando non viene pagato ma si accumula, producendo a sua volta interessi. Queste leggi sono in origine puramente matematiche. Vengono fatte alcune ipotesi e le conseguenze vengono elaborate quantitativamente. Questo è tutto. A cosa corrispondano esattamente queste ipotesi, al di là dell'accordo di un individuo di pagare a un altro tanti interessi all'anno per l'utilizzo di tanto capitale, è difficile dirlo. Si tratta di accordi puramente arbitrari e convenzionali, senza alcuna necessaria giustificazione fisica. La giustificazione che viene offerta per l'interesse è di solito una vaga giustificazione biologica piuttosto che fisica, sulla falsariga dell'incremento maturato in agricoltura, quando ogni seme produce trenta, sessanta o addirittura cento volte. Ma su è perfettamente possibile per chiunque contestare la base teorica dell'interesse. In pratica, però, non c'è motivo per cui qualcuno debba astenersi dal consumare per prestare ad altri, a meno che non ne tragga un qualche vantaggio. Tuttavia, come abbiamo visto, a meno che gli individui non vogliano affidare i loro capelli grigi alla benevolenza dei governi, sono tenuti a cercare di risparmiare nel periodo di massimo splendore dei loro poteri. Di solito ci sono molte ragioni simili, come la necessità di provvedere a una migliore educazione dei propri figli quando arrivano alla maturità e di assicurarsi contro gli incidenti, che sono sufficientemente convincenti, anche senza l'incentivo di un aumento. La consapevolezza di ciò è alla base di molte riforme suggerite.

Se Incremento guardando in avanti allora Decremento guardando indietro

Un corrispondente, Basil Paterson di Edimburgo, ha sottoposto all'autore, durante la stesura di questo libro, un interessante suggerimento che indica almeno quanto sia puramente arbitrario il trattamento matematico convenzionale dell'interesse. La sua argomentazione si basava su una considerazione come la seguente. Anche se si concorda di pagare tra un anno, ad esempio,£ 5 per l'uso di 100 sterline prestate ora, non è la stessa cosa che concordare di pagarne un'altra alla fine del secondo anno. Piuttosto, il valore delle 100 sterline alla fine del primo anno deve essere scontato al suo valore attuale di 95 sterline, ora, in modo che l'interesse del secondo anno debba essere del cinque per cento di 95 sterline e così via. E chi può negarglielo? Sembra che questo dia all'usuraio un po' della sua stessa medicina. Egli si rende conto che la conseguenza sarebbe quella di ridurre la legge sull'interesse composto alla stessa legge attuale sull'interesse semplice. Per quest'ultima, riprendendo l'illustrazione precedente ed esprimendo l'interesse come una frazione anziché come una percentuale, i successivi pagamenti annuali dell'interesse sarebbero un ventesimo, un ventunesimo, un ventiduesimo, un ventitreesimo, un ventiquattresimo e così via, diventando un centesimo o l'uno per cento dopo ottant'anni. Una delle applicazioni richieste è nel settore dei prestiti su pegno, dove il tasso di interesse minimo redditizio diventa usurario se prolungato per un certo periodo di tempo, e che il metodo di stima sopra descritto tenderebbe a correggere.

Legge sugli interessi di Paterson
Attualizzazione del capitale

È interessante applicare la matematica superiore all'idea precedente e considerare, invece dell'incremento che matura passo dopo passo a intervalli annuali, un numero infinito di periodi infinitesimali, in modo da rendere il processo continuo invece di supporre che avvenga per passi annuali. Ciò non influisce sul risultato che la legge dell'interesse composto si riduce così alla legge dell'interesse semplice ordinaria, ma si giunge così a un risultato molto semplice per la legge dell'interesse semplice stessa. In queste circostanze, poiché il tempo viene aumentato indefinitamente e senza limiti, l'interesse totale maturato si avvicina sempre di più al capitale e non può mai superarlo, per quanto il prestito possa durare. La formula matematica applicabile a questo caso è

$$iT = -230\,26\,[log\,_{10}(1 - f)]$$

dove i è il tasso di interesse al centesimo all'anno, T il tempo in anni ef la frazione del capitale che matura come interesse. Da questo e

Tabella degli interessi semplici (Nuova Legge) per 100 sterline di capitale

Anni moltiplicati per il tasso % annuo.	Interessi totali (Nuova legge)			Risparmio per il debitore (rispetto rispetto alla vecchia legge)		
	£	s.	d.	£	s.	d.
1		19	11			1
2	1	19	7			5
3	2	19	1			11
4	3	18	5		1	7
5	4	17	6		2	6
6	5	16	6		3	6
8	7	13	9		6	3
10	9	10	4		9	8
15	13	18	7	1	1	5
20	18	2	6	1	17	6
25	22	2	5	2	17	7
50	39	6	11	10	13	1
100	63	4	5	36	15	7
184'14	86	2	10	100	0	0
200	86	9	4	113	10	8
1000	99	19	11	900	0	1

Una tabella di logaritmi può essere facilmente costruita per costruire la nuova tabella degli interessi. In quella qui sopra, l'interesse maturato per 100 sterline di capitale è indicato nella colonna centrale, il tempo in anni moltiplicato per il tasso di interesse al centesimo all'anno nella prima colonna e il risparmio per il debitore con il nuovo metodo di calcolo nell'ultima colonna.

Quanto detto chiarisce che, se per tassi di interesse bassi e periodi brevi la differenza è minima, per tassi elevati e periodi lunghi la differenza è enorme. L'ideatore dello schema ha sottolineato che la sua ovvia obiezione è che incoraggia l'investitore a prelevare e reinvestire il proprio denaro ogni anno, ma ciò è del tutto impossibile con prestiti permanenti a lungo termine e non rimborsabili come il debito nazionale. Se applicato a questi ultimi, sarebbe probabilmente sufficiente al posto del semplice schema di rimborso a cui si fa riferimento in seguito. Un modo alternativo sarebbe quello di continuare a pagare gli interessi al tasso ordinario, considerando la differenza (indicata sopra nell'ultima colonna) come un rimborso del fondo di ammortamento. In questa modalità di calcolo i pagamenti verrebbero effettuati al tasso uniforme come ora per un periodo di tempo limitato e poi si fermerebbero. Questo tempo è dato da questa legge come centottantaquattro anni e un settimo diviso per il tasso di interesse al centesimo all'anno, come indicato nella tabella precedente.

L'idea di Gesell di far
Il denaro stesso si svaluta

Una proposta molto più ampia è quella del riformatore del denaro, Silvio Gesell, che vorrebbe che tutto il denaro si svalutasse con il tempo, ad esempio il cinque per cento all'anno, o un centesimo di sterlina al mese. Il denaro verrebbe mantenuto in corso legale solo timbrandolo periodicamente come una tessera assicurativa. Se il pubblico sopporterà questo, e sembra amare questo tipo di editto governativo, avrà certamente delle conseguenze notevoli. Si sostiene che, per così dire, sposterebbe verso il basso l'intera scala degli interessi di un cinque per cento corporeo, nel senso che laddove ora dovremmo pagare il quattro per cento per un prestito, allora dovremmo ottenere l'uno per cento per aver tolto il denaro dalle mani del proprietario e avergli risparmiato il cinque per cento di deterioramento. Se così fosse, tutti i prestiti per opere pubbliche governative e municipali verrebbero effettuati con un profitto dell'uno per cento anziché con un tasso di interesse del quattro per cento. Lo schema è attualmente sostenuto da una Camera di Commercio britannica ed è probabile che si riveli estremamente popolare negli ambienti municipali, se non governativi. L'idea originaria di Gesell era quella di impedire a chiunque di accumulare denaro, di aumentarne la "velocità di circolazione" e di costringere chi lo possiede a spenderlo rapidamente. Ma la possibilità di cambiare la base o la linea di riferimento da cui si calcola l'incremento, da zero a un decremento del cinque per cento, merita una considerazione indipendente, poiché tutti gli altri risultati sarebbero ugualmente garantiti se il denaro fosse emesso a livello nazionale come descritto senza farlo marcire o deprezzare.

Obiezioni

Il punto di vista di questo libro è che il denaro è un contratto vincolante tra il proprietario che ha ceduto per nulla, nemmeno per il pagamento degli interessi, l'uso di beni e servizi alla comunità e, secondo la giustizia comune, dovrebbe ricevere indietro quanto ha ceduto. L'applicazione di un'imposta del cinque per cento all'anno porterebbe alla comunità un gettito simile a quello che otterrebbe se, invece di un tasso bancario del cinque per cento sull'emissione, la nazione emettesse il denaro in cambio di titoli del debito nazionale distrutti, o in alternativa facesse pagare il cinque per cento agli attuali mutuatari invece che alle banche. Con questo non voglio negare che la nazione potrebbe fare entrambe le cose, cioè prendere i profitti dell'emissione ora appropriati dalle banche e poi far pagare una tassa di mantenimento o un'imposta di bollo del cinque per cento all'anno per mantenere la moneta corrente. Ma non sembra esserci alcuna giustificazione per tassare il mezzo di scambio, e anche se a prima vista può essere difficile escogitare mezzi per eludere il pagamento, di certo creerebbe un forte stimolo alla mente inventiva per tentare di farlo. Da questo punto di vista sembra calcolato per produrre esattamente l'effetto opposto a quello desiderato. Le persone cercherebbero di rifiutarsi di accettarlo con la stessa forza con cui sarebbero costrette a spenderlo, e anche se, è vero, potrebbe creare loro qualche problema, l'incentivo a usare il denaro il meno possibile, e a stipulare accordi reciproci a questo scopo, sarebbe grande quanto l'incentivo a spenderlo non appena lo ricevono. Mentre, nel piano qui sostenuto, la tesaurizzazione semplicemente non avrebbe importanza, perché ha l'effetto, come è stato dimostrato, di rinviare indefinitamente il pagamento delle imposte, in quanto verrebbe emessa più moneta per compensare l'aumento della tesaurizzazione se si verificasse. Inoltre, invece di rendere il denaro ancora più una fonte frenetica di ansia e di fretta, il piano qui favorito renderebbe il denaro di credito un dispositivo sociale inestimabile per liberare gli uomini dalle preoccupazioni finanziarie artificiali e dalle illusioni invertite sul denaro promosse dal sistema attuale.

La possibilità di abbassare arbitrariamente abbassare i tassi di interesse

La possibilità, per non dire l'opportunità, di spostare la linea di riferimento da cui si calcola l'incremento a uno sotto lo zero, in modo da iniziare con un decremento iniziale, non sembra essere contraria, ma piuttosto in linea con il carattere, in fondo, puramente arbitrario dell'interesse in un'epoca di potenziale abbondanza. In linea di massima, come ai tempi della scarsità, quando l'importanza di aumentare la produzione era fondamentale, il sistema bancario spostava di fatto la linea di demarcazione dal nulla al cinque per cento circa sopra lo zero emettendo denaro come debito verso se stessi, ora che l'enfasi è sull'aumento del consumo non sembra impraticabile escogitare mezzi per abbassarla sotto lo zero, imponendo una tassa o un'imposta sul possesso del denaro. Nel primo caso, i debitori hanno dovuto pagare il cinque per cento all'anno per farlo nascere e, nell'altro, chi lo possiede deve pagare il cinque per cento all'anno per evitare che si estingua!

Il probabile effetto dell'aumento del Indebitamento di capitale

Ma un'ulteriore osservazione su questo aspetto dello schema Gesell può essere fatta.

Sebbene non ci sia motivo di dubitare che avrebbe almeno un effetto di riduzione del tasso di interesse generale, non è chiaro quale sarebbe l'effetto relativo per quanto riguarda l'indebitamento non produttivo (vecchi o nuovi debiti) e il capitale produttivo. A prima vista sembrerebbe che dovrebbe portare a un rapido rimborso dei debiti esistenti, nella misura in cui i termini dell'obbligazione lo permettano, acquistandoli con il denaro esistente per sfuggire all'imposta, e alla loro sostituzione con debiti non fruttiferi o addirittura leggermente tassati. Ma nel caso del capitale produttivo, il denaro è solo un intermediario, e il capitale produttivo produce un reddito di ricchezza reale che non può essere così facilmente ridistribuito dalla tassazione, come l'effetto della cosiddetta legislazione socialista dell'ultimo mezzo secolo rende abbondantemente evidente. Sembra quindi che, essendo il fondo disponibile per gli investimenti limitato, le persone più avvedute sottoscrivano per le imprese produttive piuttosto che per le spese non produttive, cioè per gli "industriali" piuttosto che per i titoli di Stato e municipali. Sebbene questo dovrebbe portare a una riduzione del tasso di interesse sul nuovo denaro investito nell'industria, ciò avverrebbe a spese di un corrispondente apprezzamento dei valori del capitale per quanto riguarda l'indebitamento esistente. Per quanto riguarda la classe dei prestiti non produttivi, se non riscattabili dovrebbero probabilmente apprezzare anch'essi il loro valore di scambio e, in misura minore, se riscattabili. "Oh, che rete intricata che tessiamo quando per prima cosa ci esercitiamo a ingannare". È davvero questo il tipo di politica monetaria necessaria o degna di una grande era scientifica?

Rimborso diretto del debito tramite tassazione

Il piano dell'autore per ridurre l'onere del debito è piuttosto semplice. Si tratta di destinare l'imposta prelevata su ciò che un tempo veniva definito "reddito non guadagnato", ovvero la parte derivante dal risparmio, all'acquisto dell'investimento, e le entrate derivanti dalla parte così acquisita allo stesso scopo. L'effetto è quello di rendere tutti i debiti estinguibili con l'ammortamento. È conveniente esprimere il tempo necessario per il completo ammortamento in unità di tempo in cui il capitale restituisce l'interesse. In altre parole, l'unità di tempo è 100 divisa per i, dove i è il tasso di interesse per cento all'anno - venti anni per un investimento al cinque per cento, venticinque anni per un investimento al quattro per cento, e così via. In queste unità, i tempi per le varie aliquote dell'imposta sul reddito sono i seguenti:-

| Aliquota d'imposta: | 6/ | 5/ | 4/ | 3/ | 2/ |
| 1/ - nella libbra. | | | | | |

| Unità di tempo: | 1'73 | 1'84 | 2'01 | 2'23 | 2'56 | 3'29 |

Ad esempio, considerando l'aliquota fiscale di 4 sterline, il tempo sarebbe di 40,2 anni per un investimento che rende il cinque per cento e di 50,25 anni per uno che rende il quattro per cento annuo. A questo tasso d'imposta, circa tre quarti del riscatto vengono effettuati tramite il pagamento di interessi sulla parte già riscattata e solo un quarto tramite la tassazione.

In questo modo la ricchezza di capitale produttivo di la nazione nel senso definito diventerebbe automaticamente di proprietà di la nazione dopo aver restituito al proprietario un interesse che varia da 1'73 volte il capitale per un tasso di tassazione di 6s. a 3'29 volte per un tasso di 1s. Si può parlare di rimborso composto, in quanto gli interessi sulla parte già acquisita non vengono utilizzati per la spesa nazionale, ma "risparmiati" per acquistare il capitale. Per i debiti in conto capitale non produttivi della natura del debito nazionale, per i quali sarebbe più naturale una redenzione semplice piuttosto che composta, il tempo richiesto è ovviamente molto più lungo, essendo, per la redenzione a metà, di circa settant'anni per un'aliquota fiscale di 4s. e un investimento del cinque per cento. Man mano che la quantità di debito non riscattato si riduce, il tasso di riscatto è proporzionalmente più lento, così che, in teoria, si avvicina sempre ma non raggiunge mai il nulla. Nell'illustrazione precedente, l'1% non sarebbe stato riscattato dopo quattrocentosessanta anni. Per molti aspetti, il suggerimento di Paterson già discusso è superiore per l'ammortamento di questa classe di debito permanente non produttivo.

La nazionalizzazione del capitale è il "risparmio" nazionale

I principali vantaggi di questo schema sono che sarebbe in accordo con la diminuzione fisica della ricchezza di capitale accumulata e consentirebbe alle imprese private di mantenere aggiornati gli impianti obsoleti e in disuso. Ma in futuro, quando il debito esistente sarà azzerato, la nazione otterrà un reddito dalla proprietà del capitale che potrà essere utilizzato per fornire dividendi nazionali alla nazione. Non è necessario discuterne ulteriormente, se non per richiamare l'attenzione sulla sua caratteristica inedita rispetto ad altri schemi di nazionalizzazione cosiddetti politici, che in effetti non conferiscono la proprietà del capitale alla nazione, ma si limitano a ridistribuirlo tra i singoli proprietari, moltiplicando semplicemente i task-masters. Questo perché la nazione sta anche "risparmiando" invece di spendere semplicemente il suo gettito fiscale.

Ci si chiederà come il Cancelliere dello Scacchiere possa provvedere alla spesa nazionale se una parte così consistente delle imposte viene prelevata per il rimborso del capitale, e la risposta viene dalle fonti ora utilizzate per demoralizzare la comunità con una legislazione migliorativa. Quasi dal momento dell'avvio del nuovo sistema monetario, la disoccupazione cesserebbe, tranne per quanto riguarda i veri disoccupati, e ci sarebbe una grande espansione progressiva del gettito della ricchezza reale prodotta, con un corrispondente aumento del gettito fiscale totale se l'aliquota rimanesse invariata. Inoltre, invece che tutto il capitale si deprezzi con la vecchiaia e che le nuove invenzioni e i miglioramenti siano bloccati dall'accumulo di questi colossali debiti irrecuperabili, i proventi del riscatto verrebbero restituiti al sistema produttivo e sarebbero disponibili per mantenere l'intera organizzazione economica al passo con i tempi, sostituendo gli edifici e gli impianti obsoleti e logori e impiegando i metodi di produzione più recenti e più rapidi. In questo modo la nazione, in quanto proprietaria di una parte sempre maggiore del capitale attraverso il sistema di riscatto, beneficerebbe non meno degli individui che l'hanno fornito con l'astinenza dal proprio consumo in prima istanza.

CAPITOLO VIII

LA SITUAZIONE PRATICA

La nuova o la vecchia economia è sottosopra?

In questo libro si è cercato di esporre criticamente i principali errori del passato. Una civiltà dalle promesse davvero illimitate è stata deviata dall'ampia strada del progresso ed è sprofondata in un pantano di inganni ed evasioni senza fondo, nel quale ora si dibatte e si dibatte senza meta e dal quale non è certo che riuscirà mai a riemergere. Se è stato necessario rafforzare il freddo linguaggio impersonale della scienza con la denuncia di pratiche fraudolente, è perché i ritardi sono pericolosi e queste pratiche dovrebbero essere ormai note a tutti gli uomini di buona volontà ansiosi di evitare un altro olocausto.

Abbiamo iniziato le nostre ricerche chiedendo all'uomo comune di invertire il suo modo naturale di guardare al proprio denaro e di considerare come lo ha ottenuto (niente in cambio di qualcosa), piuttosto che l'uso che ne ha fatto in seguito, in cui si limita a recuperare ciò che è stato dato in cambio. Una volta che gli uomini penseranno in questo modo, il denaro stesso comincerà ad apparire come l'opposto di ciò che si suppone che sia, cioè la rinuncia a una vasta collezione di proprietà utili e preziose da parte della comunità che ha il pieno diritto di possederle, e che ogni individuo è libero di possedere se lo desidera, anche se di fatto solo facendo in modo che un altro prenda il suo posto nella rinuncia.

All'inizio, senza dubbio, tutte queste idee appaiono capovolte, un'inversione semplicemente pedante e intenzionale del modo naturale di guardare al problema. Ma si può dire che chiunque abbia iniziato a percorrere questa strada e abbia provato a seguirla non potrà più tornare indietro. Nulla al mondo potrà mai più apparire come prima. È la nuova visione che è capovolta o la vecchia? Quelle code di disoccupati senza speranza e miseramente nutriti che, se si stendessero in fila indiana, spalla a spalla, costeggerebbero l'autostrada da Lands End a John o' Groats e si incastrerebbero per farli entrare tutti, sono un segno di povertà o di ricchezza? Quelle colonne e colonne di titoli di borsa che ogni giorno campeggiano sulle pagine dei giornali del mattino, sono davvero la prova della prosperità nazionale? Il solo debito nazionale, circa 8.000 milioni di sterline, o 160 sterline per uomo, donna o bambino, che ogni giorno porta a qualcuno qualcosa come un milione di interessi, è debito o ricchezza? Tutto dipende dal punto di vista. Se vogliamo comprendere i problemi economici nazionali dobbiamo abbandonare del tutto le nostre idee convenzionali e rivoltarci, proprio come abbiamo dovuto fare con il denaro stesso per vederlo nella sua vera luce.

L'abbondanza prima di tutto, la ripartizione in secondo luogo

E poi come appare del tutto invertita la mentalità ordinaria derivata dall'epoca passata della scarsità, secondo cui c'è solo una quantità limitata di ricchezza nel mondo e ciò che qualcuno ottiene è a spese di qualcun altro, e tutti i battibecchi gelosi sulla quota di interessi contrastanti nella produzione, piuttosto che una cooperazione comune e leale per rendere la produzione più grande, e fornire e distribuire di più con meno lavoro. Per quanto riguarda ogni singolo momento del tempo, è ovviamente vero che c'è solo una quantità disponibile per la distribuzione e non di più, ma nel senso inteso è vero come se ogni granata sparata in guerra fosse considerata come una in meno da sparare, e totalmente falsa. La ricchezza è un flusso, non un deposito, e così come durante la guerra la produzione di munizioni è aumentata costantemente quanto più a lungo è durata la guerra, così in pace la produzione delle cose consumate e utilizzate per vivere potrebbe, se non fosse per la morsa monetaria, essere continuamente aumentata in qualsiasi misura desiderata nella ragione. Così com'è, in media, probabilmente nemmeno una persona su cinque fa qualcosa per produrre o aiutare gli altri a produrre ciò che viene consumato, e l'intero lavoro produttivo è portato avanti da una piccola minoranza. Il resto della popolazione attiva è impegnata a contrattare il prezzo e a cercare di vendere il prodotto a persone che non hanno denaro sufficiente per comprarlo, oppure si guadagna da vivere ostacolando e impedendo la produzione. Lo stesso vale per la sfera internazionale; vengono eretti grovigli fiscali di ogni genere per impedire il regolare scambio dell'abbondanza di una nazione con quella di un'altra.

L'atteggiamento del pubblico nei confronti dei costi

Se c'è un ambito in cui è necessario un cambiamento di mentalità, è quello dell'atteggiamento del pubblico nei confronti dei costi e della sua passione fuorviante per l'economicità. Questo atteggiamento è ovviamente indotto dalla scarsità artificiale di denaro, ma a cosa porta? Oggi si spende molto di più per vendere le cose che per produrle. Sebbene tutti vogliano essere pagati bene per il loro lavoro e il prezzo non sia altro che la somma dei pagamenti effettuati dal momento in cui inizia la produzione fino alla vendita, non appena le persone passano dal guadagnare denaro allo spenderlo, vogliono tutti insieme abbassare il prezzo e, come i banchieri, vogliono ottenere qualcosa per niente. Finiscono per pagare, in media, probabilmente il doppio del necessario e riducono i propri guadagni alla metà di quanto potrebbero essere; tre quarti del costo rappresentano costi inutili di contrattazione commerciale, organizzazione delle vendite e pubblicità, che non contribuiscono minimamente al valore ricevuto. Il costo di distribuzione del prodotto dovrebbe, come quello di produzione, essere esattamente conosciuto e ridotto al minimo da un'organizzazione efficiente, non aumentato al massimo da una concorrenza inutile e dispendiosa. Si potrebbe fare ancora di più per innalzare il tenore di vita generale, e dare a tutti un reddito più alto e un maggiore tempo libero, deviando verso la produzione una parte crescente di coloro che ora sono impegnati nella distribuzione e nella vendita, che non con l'impiego pieno ed efficiente di tutto il lavoro e di tutto il capitale esistente. Le ore di lavoro e le tariffe dei salari e degli stipendi sono puramente tradizionali. La giornata di otto ore, che sembrava una richiesta così oltraggiosa per i capi vittoriani, è già considerata un massimo piuttosto che un minimo. Liberando gli operai dalla concorrenza di lavoratori arretrati e meno civilizzati e liberando gli scambi, e fornendo automaticamente denaro sufficiente a distribuire al prezzo competitivo effettivo tutti i beni e i servizi che il sistema di produzione sta effettivamente producendo, l'intera nazione potrebbe vivere su una scala molto più ampia e con molto meno lavoro di adesso. È inutile fornire stime che non sono altro che ipotesi, anche se un aumento di cinque volte del reddito con un orario di lavoro molto più breve, come citato da alcuni tecnocrati in America, sembra in Europa non irragionevolmente alla portata anche delle persone attualmente in vita. Ma è molto meglio dare alle persone risorse economiche sufficienti per coltivare la propria vita personale e i propri gusti in base alle loro scelte, piuttosto che professionalizzare la ricreazione, l'istruzione e la cultura e farne una fonte di profitto commerciale.

L'interferenza del governo nell'economia
L'economia non è utile

Molti potrebbero non essere d'accordo con l'opinione dell'autore secondo cui, se il denaro venisse liberato dalla sua morsa sulle funzioni creative della società e restituito al suo giusto posto come meccanismo di distribuzione, e se, attraverso l'ammortamento o in altro modo, venisse impedito l'accumulo illimitato di debiti comunitari e ridotto quello già accumulato, non ci sarebbe molto di sbagliato nel sistema economico produttivo in quanto tale. Senza dubbio si nutriranno timori di ogni tipo sulle conseguenze, ma secondo l'autore nessuno dei problemi che potrebbero sorgere sarà difficile da affrontare, se e quando si presenteranno. Un sistema economico è necessariamente una condizione di equilibrio che integra le azioni degli individui che lo compongono, e il risultato non può che essere una media di tutti gli sforzi esercitati dagli individui per provvedere nel modo più efficiente e meno dispendioso al proprio sostentamento personale. Con una migliore comprensione fisica degli aspetti nazionali e delle convenzioni alla base dell'economia degli individui, sembra necessaria una sempre minore interferenza da parte del governo e una direzione sempre più intelligente da parte di coloro che sono all'interno del sistema stesso, attivamente impegnati nel lavoro di fornitura e soddisfazione dei bisogni economici della comunità. Se troppe persone cercano di "risparmiare", il tasso di interesse scenderà e renderà meno vantaggioso farlo, e se il risparmio è insufficiente per mantenere e aumentare il capitale produttivo, il tasso di interesse aumenterà per contrastare la tendenza. In un'Era dell'Abbondanza queste questioni possono essere tranquillamente lasciate ad aggiustarsi da sole, una volta che il sistema monetario e del debito è stato messo in accordo con la realtà fisica. È la creazione di denaro per il gioco d'azzardo speculativo che distorce questa verità.

Una progressiva evoluzione dell'industria

Questo non significa negare la necessità o l'importanza di una progressiva evoluzione dell'industria dalla sua attuale schiavitù nei confronti della proprietà e dalle ultime vestigia di asservimento economico o di schiavitù. A questo scopo sono indirizzati i piani dei Guild-Socialist. Le aspre lotte del secolo scorso non saranno state vane se in questo modo avranno sviluppato tra il personale e le file del lavoro una lealtà e un senso di responsabilità verso se stessi che saranno orgogliosi di dedicare al lavoro dell'intera comunità. Ma questi ulteriori progressi dipendono tutti da una crescita graduale e ordinata che, in primo luogo, può avvenire solo attraverso un aumento del tenore di vita. Questo è frenato e vanificato dalle continue lotte e dai sabotaggi che hanno caratterizzato le lotte del passato e che sono dovuti principalmente al nostro sistema monetario totalmente fraudolento. Lo stesso si potrebbe dire di tutte le legislazioni sociali migliorative del secolo scorso, che si sono limitate a cercare di affrontare e diminuire le sofferenze causate dal sistema monetario, senza colpire in un solo caso in modo intelligente la causa. Ma tutti questi problemi sociali e politici esulano dal campo di applicazione di questo libro, il cui scopo principale è stato quello di esporre il ruolo legittimo del denaro, di trattare fedelmente il sistema esistente così come si è sviluppato e di mostrare come esso stia vanificando ogni sforzo per raggiungere uno stato di cose più sano e felice. A prescindere dagli ulteriori cambiamenti sociali che l'esperienza potrà imporre, nessuno studioso imparziale del tema del denaro oggi può sfuggire a lungo alla conclusione che, finché il sistema non sarà drasticamente trasformato e i suoi errori non saranno eliminati, non ci potrà essere speranza di pace, onestà o stabilità in questo mondo.

Prima la riforma monetaria

Per quanto sia auspicabile e necessario rivedere l'apparato politico, sociale ed economico dello Stato moderno per lasciare spazio e libertà alle nuove possibilità di vita introdotte dal progresso scientifico moderno, le difficoltà peculiari che hanno accompagnato questo progresso non sono dovute direttamente alla sua ostruzione da parte delle vecchie abitudini di pensiero, ma dalle nuove e totalmente false idee sul denaro. È necessario, a questo proposito, tornare alla base fondamentale del denaro come qualcosa che nessun privato dovrebbe essere autorizzato a creare per se stesso. Tutti, allo stesso modo, dovrebbero cedere al denaro il valore equivalente in beni e servizi prima di poterlo ottenere. Quello che abbiamo oggi non è propriamente un sistema monetario, e il denaro oggi, come qualcosa che viene sempre creato e distrutto attraverso il prestito e il rimborso, è un fenomeno nuovo nella storia. Così come sono nuovi nella storia tutti i mali conosciuti di questi giorni. Sono tutte conseguenze di un sistema monetario falso. La continua crescita della disoccupazione ne è un esempio. Il potere di occupazione non è dato, in ultima analisi, dal possesso di denaro, ma dal possesso delle necessità fisiche utilizzate e consumate dal lavoratore nel corso del suo impiego. Invece di essere ottenibili solo da persone che hanno rinunciato a beni o servizi equivalenti, le scorte di mezzi di lavoro della nazione vengono continuamente depauperate da defalcazioni che si differenziano solo per la loro universalità e per l'estensione colossale dalle piccole peculazioni dei falsari e dei contraffattori di banconote. La disoccupazione moderna, come il denaro moderno, è un fenomeno nuovo. Chiunque comprenda realmente il significato fisico di ciò che sta accadendo oggi nel mondo economico, attraverso l'arbitraria creazione e distruzione privata di denaro, non può provare alcuna sorpresa per il fatto che il mondo sia stato portato così vicino al disastro.

Anche uno scolaro può capire la distinzione tra prestare a un altro, cioè fare a meno di se stessi, e prestare ciò che appartiene a qualcun altro, evitando così di fare a meno di se stessi. Gli economisti scrivono ancora come se la nazione esistesse per il bene delle banche e il pubblico fosse adeguatamente compensato dal fatto che le banche non fanno pagare ai loro clienti ordinari i servizi di tenuta dei conti. Ma di certo le banche non sono le persone di cui fidarsi per dare consigli sull'andamento economico di una grande nazione commerciale e industriale. L'uomo comune apprezzerà almeno l'importanza dell'onestà nel sistema monetario, anche se è probabile che sopravvaluti di molto le difficoltà che si frappongono al suo ottenimento da parte della nazione.

Il sistema esistente ai margini di un dilemma

Da parte di coloro che sono fondamentalmente contrari a qualsiasi riforma che stabilizzi il livello dei prezzi interni e impedisca l'incessante fluttuazione del valore del denaro, da cui traggono il loro sostentamento attraverso qualche forma di peculato, la questione è stata finora rappresentata come un'alternativa tra la fissazione del livello dei prezzi interni e la fissazione dei cambi. La verità è piuttosto che questi interessi vogliono che le banche continuino a poter creare denaro, per usi propri e simili, senza doversi preoccupare di trovare veri finanziatori. Vogliono un certo aumento iniziale prevedibile dei prezzi, con le borse fisse o ancorate per riportare il valore alla pari *dopo che* i prezzi sono stati aumentati. Vogliono che le banche, che forniscono loro il denaro per niente, lo distruggano dopo averne tratto profitto. Ma se la prima cosa fosse impedita, la questione delle borse assumerebbe un'importanza molto minore.

È vero, se le banche continueranno a essere libere di alzare il livello dei prezzi interni con prestiti fittizi e se questo non verrà periodicamente abbassato con metodi subdoli adottati per fissare i cambi, tutte le nostre importazioni ci costeranno proporzionalmente di più, proprio come il valore della moneta nazionale è svilito, e i nostri investimenti all'estero saranno quindi proporzionalmente ridotti di valore sia per quanto riguarda il capitale che gli interessi. Al momento attuale vale ovviamente il contrario. Le politiche monetarie adottate per favorire i rentier in patria operano tanto contro i debitori stranieri quanto contro quelli nazionali e si stanno rivelando una potente influenza disgregatrice all'interno dell'Impero. Questa nazione ha solo da biasimare se i suoi debitori stranieri vanno in bancarotta o trovano altri mezzi per eludere del tutto i loro oneri artificialmente gonfiati.

L'argomentazione comune a favore dell'ancoraggio dei cambi è che altrimenti verrebbero messi a rischio i prodotti alimentari della nazione, acquistati in gran parte dall'estero con il pagamento degli interessi degli investimenti passati. Ma come argomento contro l'emissione di moneta da parte della nazione è ridicolo. È il sistema esistente che si trova perennemente sulle spine di un dilemma e che non sa più come intervenire sul livello dei prezzi interni senza mettere a repentaglio gli investimenti esteri. Impedendo il primo, il secondo non si verificherà.

La necessità economica delle frontiere

Tuttavia, rimarranno ancora interessi molto potenti a favore della fissazione delle borse piuttosto che del livello dei prezzi interni. Avranno ragionato in questo modo. Quando gli scambi sono liberi, vanno ovviamente contro il paese in cui i beni sono più cari da produrre e a favore di quelli in cui sono più economici, impedendo così che i mercati del primo siano sottoposti alla concorrenza del secondo. Il denaro che attraversa la frontiera si adegua automaticamente al costo della vita nel nuovo Paese. Se questi sono più bassi, il denaro perde potere d'acquisto e, se sono più alti, ne guadagna, in modo che sia sempre in grado di acquistare più o meno la stessa ricchezza, da qualunque parte della frontiera si trovi. Ma secondo gli ordinari principi finanziari e pecuniari dei rentier e dei banchieri questo appare sbagliato e dovrebbe essere corretto, secondo loro, con un qualche modo di fissare gli scambi. Sembra assurdo che una persona in possesso di un reddito monetario fisso, che attraversa una frontiera da dove i beni sono cari e il tenore di vita e i salari sono alti, non debba stare meglio di come stava prima di emigrare in un paese dove i beni sono a buon mercato e il tenore di vita e i salari sono bassi.

L'argomentazione si riduce a questo. Che una persona che ha risparmiato in un paese e ha un reddito certo dovrebbe potersi trasferire in un altro paese e spendere il suo reddito dove può ottenere il massimo - che dovrebbe poterlo guadagnare nel mercato più alto e spenderlo in quello più basso. Le frontiere, che sono una protezione per chi deve guadagnarsi da vivere, sono un ostacolo per chi non deve farlo. Tutta la propaganda per l'unificazione del mondo intero in un'unica fratellanza, quando tutti sono ancora a stadi diversi di evoluzione e di tenore di vita, pur nascendo senza dubbio da un sentimento religioso falsamente idealista, è seducentemente promossa da coloro che non devono guadagnarsi da vivere o, se lo fanno, desiderano spendere ciò che guadagnano in un altro Paese. La differenza tra lasciare gli scambi liberi e tentare di stabilizzarli è che, se da un lato non si offre alcun impedimento a chi desidera risiedere in un Paese straniero, dall'altro non si ottiene alcun vantaggio economico. Se invece i cambi sono fissi, è evidente che non è necessario emigrare per ottenere il vantaggio di un tenore di vita inferiore altrove. Non importa se sono fissati "automaticamente" da un gold-standard o, come sembra essere stato anche il caso del crollo degli Stati Uniti del 1929, da una deflazione arbitraria, lo standard di salari e di vita nei Paesi più avanzati viene così abbassato a quello prevalente nei Paesi meno avanzati.

Scambi liberi significa commercio libero

Con i liberi scambi con l'estero non ci sarebbe bisogno di barriere tariffarie o di complicati accordi fiscali, le nazioni sarebbero libere di commerciare per il loro reciproco vantaggio e non ci sarebbe alcun pericolo per il tenore di vita generale dei paesi più sviluppati a causa della concorrenza esterna con il resto del mondo. I veri prestiti e mutui tra le nazioni cesserebbero di essere un pericolo e diventerebbero inoppugnabili se i livelli dei prezzi interni fossero fissati e gli scambi liberati. In breve, tutto il complicato apparato fiscale che oggi impedisce alle merci di attraversare le frontiere potrebbe scomparire se le monete dei diversi paesi potessero scambiarsi solo al loro rispettivo potere d'acquisto, ciascuno nel proprio paese, e se si abbandonassero una volta per tutte gli arbitrari rapporti di parità stabiliti quando erano tutte convertibili in oro. Essendo il livello dei prezzi in ogni paese fissato come descritto, le variazioni negli scambi con l'estero sarebbero quasi interamente dovute alle variazioni dei livelli dei prezzi all'estero, e questo è sicuramente ciò che dovrebbe essere.

Compromesso difficilmente realizzabile

Molte persone influenti, anche solo perché si oppongono a cambiamenti improvvisi, vorranno scendere a compromessi continuando il sistema bancario con le modifiche e le garanzie che la moderna filosofia del denaro può suggerire. Ma non è nella natura della scienza credere che la falsa contabilità sia una questione di compromesso. Alcuni devono guadagnare a scapito di altri, e l'intera argomentazione a favore del compromesso è in realtà diretta ad accertare il modo migliore per nascondere le lesioni alla conoscenza delle vittime ignare.

È chiaro che il punto vitale su cui non è possibile alcun compromesso è la quantità aggregata di denaro, che dovrebbe essere sempre pubblicamente nota, come è stato riconosciuto per l'antica moneta a gettoni che circolava ad Atene e Sparta molti secoli prima di Cristo. Il potere di aumentare o diminuire questa quantità aggregata di denaro deve essere strappato al sistema bancario e affidato al controllo centrale della nazione. Inoltre, le ultime persone di cui fidarsi per decidere se l'emissione debba essere aumentata o diminuita sono quelle nate e cresciute nel gergo del mercato monetario. Tutte le loro espressioni - "boom speculativo", "prosperità fittizia", "eccesso di fiducia" e simili - così facilmente inghiottite in passato da presunti studenti imparziali del denaro, dovrebbero essere ora universalmente riconosciute come il modo educato di informare gli iniziati che il tenore di vita della classe lavoratrice sta salendo pericolosamente al di sopra del livello di sussistenza, e che per abbassarlo si sta progettando un'appropriata manipolazione della quantità di denaro.

CAPITOLO IX

ONESTÀ LA MIGLIORE POLITICA MONETARIA

I segni di una nuova verità

Il nostro compito non sarebbe completo se questo libro non trasmettesse al lettore almeno un accenno ai segni, all'inizio spesso lievi ma cumulativi e intrecciati, grazie ai quali un ricercatore scientifico o un pioniere in nuove regioni del pensiero sa di essere su un terreno sicuro, anche quando tutti gli altri possono ritenerlo pazzo. Si tratta di una questione filosofica di grande interesse, poiché, se esaminiamo la storia del progresso, la direzione che ha preso appare spesso una questione di intuizione e convinzione, piuttosto che dipendere da qualcosa che all'epoca sarebbe stato accettato come prova convincente o logica. Ma questo è forse un giudizio esterno o di massa di chi, consapevolmente o meno, accetta come prova l'esperienza pratica successiva piuttosto che i principi teorici fondamentali.

Uno di questi segni è certamente il modo in cui ciò che sembra non essere altro che un puzzle di eventi ed enigmi scollegati tra loro, improvvisamente sembra incastrarsi in un quadro, per poi perdersi di nuovo in una nebbia di incertezza, ma ritornare sempre, ogni volta un po' più ordinato e definito.

Qualcosa del genere deve essere accaduto a molti che, una volta avviati sulla strada del rovesciamento delle illusioni convenzionali, indotte dalla sostituzione del denaro con la ricchezza, non potranno più tornare indietro fino a quando non avranno riportato la realtà concreta e le idee fisiche ovunque al loro giusto posto, e non potranno mai più sostenere le convinzioni convenzionali e impressionistiche, ancora oggi prevalenti, sulla causa e sulla cura del malessere del mondo. Appare una corrispondenza soddisfacente tra l'intera natura del problema irrisolto e l'interpretazione che ne sta emergendo, tanto che nessuno dei malesseri che affliggono oggi le relazioni tra gli uomini è dovuto a una reale insufficienza fisica, come quella che caratterizzava le epoche precedenti della storia. Esse sono dovute all'esatto contrario, alla "sovrapproduzione", all'"eccesso di cibo", alla "competizione per i mercati" e simili, che rendono l'esistenza di povertà e indigenza un'assurdità fisica. Laddove Mr. Baldwin chiedeva "A cosa serve essere in grado di produrre beni se non si possono vendere?", il nuovo economista direbbe subito "Perché non possiamo venderli? A cosa serve il denaro?" e così taglierebbe subito il nodo gordiano dell'intero groviglio.

Un altro segno è la proiezione del nuovo punto di vista nel passato, che getta luce su ciò che prima era misterioso e inspiegabile. A questo proposito, è un segno gratificante che molti studenti moderni di storia stiano cominciando a rendersi conto dell'importante ruolo svolto dalle cause monetarie nei cambiamenti di fortuna e di direzione che hanno investito le nazioni. Ora stanno comprendendo che queste cause monetarie danno un'interpretazione molto più veritiera del reale fermento in atto rispetto alle personalità e ai motivi di coloro che erano apparentemente gli attori principali del dramma. Nella storia del secolo scorso abbiamo avuto modo di notare come il gold-standard abbia operato e come non sia stato in grado di limitare, come era nelle sue intenzioni, l'effetto di un falso sistema monetario a ogni singolo paese , ma abbia gradualmente esteso e ampliato l'area di disturbo fino a coinvolgere il mondo intero.

Un altro segno del potere di un'idea nuova e vera è la sua estensione dalla sua applicazione immediata per gettare nuova luce su problemi analoghi. Così abbiamo visto che l'identico errore che spiega il fallimento del sistema monetario spiega anche le vecchie confusioni nella sfera politica ed economica riguardo al capitale e la lotta cronica, oggi come sempre in dubbio, tra ciò che viene definito capitalismo o individualismo e il socialismo.

Questi sono alcuni dei canali attraverso i quali una nuova idea si fa strada nella mente generale, nonostante sia in opposizione ad abitudini di pensiero ereditate e stereotipate, ed è una gloria significativa della nostra epoca che, grazie all'accelerazione generale del ritmo di vita, a un'istruzione più ampia e più liberale, non solo di tipo formale, ma nell'atmosfera stessa che un cittadino moderno respira, questo periodo di incubazione sta diventando incredibilmente più breve. Così che, mentre un secolo fa ci volevano tre o quattro generazioni perché qualsiasi novità di pensiero permeasse la mente generale, oggi vediamo l'intero processo svolgersi sotto i nostri occhi di anno in anno. Una volta compreso il fatto fondamentale che viviamo in un'epoca che si distingue solo per la sua scienza e per la comprensione e il controllo delle realtà fisiche del mondo esterno, dobbiamo sicuramente accettare il corollario che tutto ciò che si contrappone alla realtà fisica non può essere permesso di continuare. Qualsiasi tentativo di ordinare il mondo lungo una strada fisicamente impraticabile è contrario alla forza motrice del progresso e, se persiste, non può che portare al disastro. In breve, viviamo in un'epoca scientifica, il cui scopo è vanificato dalla sopravvivenza di credenze nel denaro, come meccanismo pratico di distribuzione, che sono l'esatto contrario di quelle che hanno reso possibile quell'epoca. I sintomi e le ripercussioni sono di infinita oscurità e complessità, ma il rimedio non è né oscuro né complesso. È semplice ed efficace come correggere un errore di aritmetica.

La riforma monetaria inizia in casa.
Il piano degli Stati Uniti

Molti desiderano fare della riforma del denaro una questione internazionale e hanno la vaga idea che il denaro debba essere internazionale. Alcuni degli interessi a favore di questo, quelli che desiderano che possa guadagnare sul mercato più alto e spendere in quello più basso, sono stati appena citati. Altri ritengono che fino a quando il banchiere internazionale non sarà sotto controllo sarà inutile cercare di gestire il sistema monetario interno. Molti pensano che la politica del Presidente Roosevelt sia in realtà diretta a una prova di forza con gli interessi monetari internazionali prima di occuparsi di quelli interni. A prescindere da ciò che si pensa, non sembra ancora contenere un solo principio chiaro che, secondo l'autore, è essenziale per una vera riforma permanente. La spesa nazionale per la ricostruzione economica in America è di dimensioni tali da gravare gli Stati Uniti di un nuovo debito permanente, con un aumento della tassazione di circa 100 milioni di sterline in più all'anno.

Ora, è un errore immaginare che ci possa essere qualcosa di antagonista agli interessi monetari in una politica volta ad aumentare il debito nazionale, perché questo, alla fine, è l'oggetto e lo scopo principale della guerra stessa. Per quanto possa essere superficialmente criticata come stravagante, è proprio sulla linea principale di minor resistenza del vecchio sistema. L'obiettivo di tale sistema è l'aumento di tutte le forme di debito nazionale. Il banco di prova della riforma è il loro rimborso o ammortamento con le entrate. Tutto ciò sarebbe stato totalmente inutile se la nazione americana avesse compiuto fin da subito l'unico passo sicuro verso il successo finale, invece di rimandarlo e forse non raggiungerlo mai. Il primo passo consiste nell'affrontare la questione del denaro stesso. Il potere delle banche internazionali e interne dipende dalla capacità di mantenere il livello dei prezzi interni sempre in movimento. Se lo si pone sotto il controllo statistico nazionale, rendendo tutto il denaro nazionale e regolando l'ammontare aggregato emesso, e si liberano gli scambi con l'estero, una nazione con un sistema monetario onesto non ha nulla da temere dalla manipolazione del livello dei prezzi in altri Paesi. Ma se si lascia il denaro in patria in modo disonesto e si permette che il suo livello di prezzo venga variato creando e distruggendo denaro a seconda delle esigenze degli speculatori, prima o poi sarà vittima certa di un attacco esterno volto a ridurre il suo tenore di vita al livello più basso prevalente altrove.

Da questo punto di vista gli Stati Uniti sono certamente più forti e in grado di proteggersi meglio delle nazioni europee più vecchie e più indebitate. Può darsi, come tutti gli uomini di buon senso devono sperare, che i coraggiosi passi positivi compiuti dal Presidente degli Stati Uniti per sconfiggere la paralisi artificiale del suo sistema economico da parte del sistema bancario lo lasceranno abbastanza forte e rispettato politicamente per fare qualcosa che probabilmente sarà più efficace in modo permanente di qualsiasi cosa abbia ancora tentato, che sarà in grado, infatti, di dare al mondo un sistema monetario basato sulla realtà fisica. Ma questo sembra essere ancora molto dubbio. Se si sostiene che la rapidità era l'essenza del problema e che la rapidità di ritorno era essenziale a causa dell'acuta angoscia diffusa, è altrettanto rapido emettere nuova moneta in modo corretto o scorretto, quando si comprendono i principi coinvolti. In ogni caso, la nazione dovette assumere un controllo provvisorio sull'intero sistema bancario e, in queste circostanze, in attesa della completa abolizione dell'emissione privata di moneta, l'ammontare esistente avrebbe potuto essere stabilizzato e aumentato con emissioni nazionali. Se ciò fosse stato fatto raccogliendo prestiti autentici e rimettendoli in circolazione con l'emissione di nuova moneta e la corrispondente remissione delle tasse, il livello dei prezzi non sarebbe stato disturbato. D'altra parte, se l'obiettivo fosse stato deliberatamente quello di aumentare i prezzi, nessuno può fingere che ci sia qualche difficoltà a farlo - i prestiti autentici non sarebbero stati necessari in tal senso. La situazione sarebbe stata fin dal primo momento assolutamente sotto il controllo nazionale.

Sinossi dei principi della riforma

Comunque sia, non c'è dubbio su ciò che deve essere fatto. Il denaro è un debito che non può essere ripagato perché non esiste nulla con cui ripagarlo, e il capitale è un debito che non può essere ripagato perché a fronte di esso esistono cose di solo uso sociale, che non possono mai più essere convertite in ciò che gli individui richiedono e consumano. Per quanto riguarda il primo, che sia emesso da e per l'intera nazione, nel momento in cui appaiono sul mercato beni per uso e consumo senza denaro e che non possono essere venduti senza forzare i prezzi. Per quanto riguarda il secondo, rendere tutti i debiti rimborsabili destinando parte del reddito che producono all'ammortamento e, per i debiti permanenti non produttivi, calcolando il rendimento in modo da consentire l'attualizzazione del valore futuro del capitale al suo valore nel presente, nonché l'incremento di tale valore nel futuro. Nel primo caso abbiamo contatori fisici al posto degli zeri magici sotto lo zero e nel secondo, se gli incrementi guardano in avanti, anche i decrementi guardano all'indietro.

Per quanto riguarda le fasi di transizione, fissate un indice dei prezzi sul costo delle spese più importanti di una famiglia media della classe media, esigete che le banche mantengano sempre una sterlina per una sterlina di denaro nazionale sui loro conti correnti, prelevabile con assegni, istituite un ufficio statistico nazionale consultivo su base scientifica indipendente e ricostituite la zecca per l'emissione di tutto il denaro. Evitare come la peste i progetti di nazionalizzazione delle banche. L'obiettivo è fermare la coniazione privata e nazionalizzare il denaro stesso, non controllare la legittima tenuta dei conti o altre istituzioni finanziarie. In futuro, destinare, da un lato, i proventi dell'emissione di moneta al sollievo dei contribuenti e, dall'altro, i proventi della tassazione sui "redditi non guadagnati" all'acquisto per la nazione del capitale da cui derivano. Questi almeno coprono tutto ciò che appare fondamentale ed essenziale per quanto riguarda la riforma interna del sistema nel modo più diretto e aperto possibile, e con la minima interferenza con l'organizzazione economica della nazione.

Liberare gli scambi

Per quanto riguarda le transazioni economiche esterne, sia con le altre nazioni che con i membri della propria famiglia, liberate gli scambi e metteteli anche sotto la supervisione nazionale. Lasciate che trovino il loro livello e non trascinino le nazioni al livello del più basso. Dimentichiamo quanti dollari in America, franchi in Francia o marchi in Germania andavano alla sterlina con il gold-standard, e facciamo in modo che ne vadano alla sterlina altrettanti che nel Paese in questione comprano quanto la sterlina compra qui. Riducete l'oro al rango di merce solo per un comodo regolamento internazionale e lasciate che venga comprato e venduto come qualsiasi altra merce. Allora non c'è vantaggio o svantaggio nello scambio della moneta di un paese con quella di un altro che non si corregga subito rendendo più facile il regolamento con le merci piuttosto che con lo scambio di denaro. Allora i Paesi possono solo prestare i propri beni e servizi ed essere ripagati con quelli dei loro debitori. Invece di essere rivali e nemici nei rispettivi mercati e di erigere barriere tariffarie per proteggere il proprio, e di essere tutti ugualmente ingannati da complicate operazioni finanziarie in cui A presta ciò che B prende in prestito e C fornisce, le nazioni saranno protette dai loro scambi e troveranno finalmente la pace.

Pretese elevate? Sì, ma la metà non è ancora detta. Lasciate che una sola nazione si presenti armata di cappello con l'abito dell'onestà, e potrà affrontare il mondo senza temere le chicaneries e le cospirazioni che ancora servono per i sistemi monetari di altri Paesi. Roosevelt, a quanto pare, non ci crede politicamente, ma ciò nonostante sembra essere scientificamente vero. La riforma comincia in casa. Che la Società delle Nazioni si occupi di questo. Cercare di riformare il mondo intero senza prima affrontare il male al nostro interno può essere una crociata, ma non è una politica pratica. Ma cingere la spada e la fibbia della verità significherebbe rendere il mondo intero nostro alleato, anche se tutto il mondo esterno è ancora nella morsa del potere del denaro. Come ha detto saggiamente il maggiore Douglas, a questo proposito, non si risolve un problema ingrandendolo.

La vera dittatura universale

Senza dubbio molti ridicolizzeranno l'idea che una nozione da asilo nido come il conteggio onesto sia, al giorno d'oggi, la chiave dei problemi che hanno sconcertato per generazioni la saggezza collettiva degli statisti e dei consiglieri del mondo. Ma cosa deve a loro il mondo moderno? È un mondo che è stato creato proprio da questo tipo di onestà e dall'abolizione di tutti i pretesi miracoli, in regno delle realtà fisiche, al limbo della superstizione e della magia.

È curioso pensare che la prima descrizione della macchina a vapore nell'antichità ne descriva l'uso per l'apertura magica delle porte dei templi, quando i sacerdoti accendevano i fuochi sugli altari, per ingannare la popolazione e farle attribuire a una divinità ciò che era opera dell'ingegnere. Allo stesso modo, oggi, la fecondità quasi illimitata delle scoperte scientifiche e delle invenzioni creative dell'epoca viene utilizzata per aprire misteriosamente le porte del Santo dei Santi dei templi di Mammona da una gerarchia di impostori e di imbroglioni, che è il primo compito di una civiltà sana di mente smascherare ed eliminare.

Finiamola con la pretesa che l'economia non si occupi di morale, perché il tipo di morale in questione è quello che l'economia assume come ovvio, altrimenti non potrebbe esistere un sistema economico. L'opinione pubblica, se non gli economisti, dopo l'esperienza della guerra e del dopoguerra, è ora pienamente consapevole dell'insidioso imbroglio a cui si è prestato il sistema di creazione e distruzione del denaro e dovrebbe insistere su un denaro onesto come infinitamente più importante di pesi e misure onesti. Il "sistema creditizio", che il secolo scorso era stato presentato con venerazione come un grande progresso nella facilitazione del commercio e della speculazione, ora appare come un dispositivo piuttosto infantile per calcolare il denaro da una linea di riferimento sempre variabile sotto lo zero, utile senza dubbio un tempo ma che ora sta tornando a galla.

Migliaia di sterline di beni di valore, che hanno richiesto mesi per essere prodotti, passano in possesso di persone che non hanno contribuito alla loro realizzazione con una grattatina su in un registro bancario dietro le porte del santuario di qualche direttore di banca. Milioni di ore di lavoro vengono impiegate per una spedizione di merci, magari verso l'altra parte del mondo, e, presto, l'esportatore viene pagato e gli viene dato il permesso di rivalersi sulle merci della sua nazione prima ancora che quelle che ha venduto lascino il porto. Peggio ancora, quando le merci straniere arrivano per essere pagate, il denaro creato scompare. Così, sotto l'abracadabra cabalistico delle "cambiali scontate", delle "accettazioni", del "denaro a chiamata e a breve termine", la coesistenza delle nazioni sta diventando impossibile, e anch'esse devono sparire, affinché nulla ostacoli il raggiungimento dell'impossibile fisico, il conteggio al di sotto del livello in cui c'è qualcosa da contare.

Non ci si può sbagliare su ciò che è sbagliato. Non è la cambiale in sé e per sé, né tutti gli espedienti legittimi che il mondo commerciale ha inventato per facilitare il commercio internazionale, ma tutti i trucchi bancari che non potrebbero essere messi in atto se il denaro fosse costituito da gettoni o contatori fisici, che non possono essere resi negativi in numero. Se così fosse, allora nessuno, può ottenere denaro senza che qualcun altro lo ceda, tranne lo Stato che emette il denaro in prima istanza. La prova dell'acido, come il rimedio, è davvero di una semplicità devastante, ma ciò non impedirà che venga osteggiata fino all'ultimo dai banchieri che, pur avanzando ogni sorta di ridicola pretesa di non creare e distruggere continuamente denaro con i loro metodi, non vogliono che tali pretese vengano sottoposte a questa semplice prova fisica.

È così assurdo suggerire che l'intero complesso della follia mondiale potrebbe e sarebbe curato sostituendo il banchiere con un'onesta macchina da scrivere? Questo tipo di dittatura esiste già universalmente, a prescindere dalla finzione, e la nazione che per prima riconoscerà la verità non avrà bisogno di istituire nessun altro dittatore all'interno del proprio regno né di temere aggressioni o interferenze dall'esterno.

Riciclare per meglio asciugare

Abbiamo così ricondotto l'origine dell'attuale disordine sociale e internazionale, e la vanificazione dei benefici progressi scientifici e delle invenzioni che hanno messo al servizio dell'uomo le forze primarie della natura, a un'unica causa, a debiti che per loro natura non potranno mai essere ripagati! Sono state distinte due classi. La prima è il debito di beni e servizi a cui si rinuncia quando nasce il denaro, per sostituire lo scambio diretto con il baratto e colmare l'intervallo di tempo tra la produzione e l'uso o il consumo finale. Il secondo è il debito di capitale di denaro ceduto dagli individui, per fornire alla comunità i beni e i servizi necessari a costruire l'organizzazione produttiva generale, che vengono *consumati* per produrre gli impianti e gli accessori necessari prima dell'inizio della produzione. Questi prodotti non sono di alcuna utilità per il consumatore e, per loro natura, non potranno mai essere distribuiti per rimborsare i creditori.

Per alleviare i malanni del mondo si è tentata invano ogni forma di inganno, di evasione e di rinvio e se ne propongono molte altre, ma rimane in ombra un rimedio che si distingue per immediatezza, semplicità ed efficacia da tutti i palliativi, i miglioramenti e i compromessi, i ciechi antagonismi e conflitti interni e internazionali e il logorante giro di lotte sociali ed economiche. È la verità. L'onestà è la migliore politica, e in nessun caso il vecchio adagio potrebbe essere più ovvio che per quanto riguarda il denaro stesso. A questo proposito, come dicono i francesi, *reculer pour mieux sauter*. Non facciamo un solo passo avanti se prima non ne abbiamo fatto uno indietro.

Cosa è lecito creare -Ricchezza o denaro?

I nostri meccanismi politici, sociali e giuridici possono essere obsoleti e necessitare di cambiamenti di pensiero e di pratica per dare spazio alle nuove condizioni e modalità con cui gli uomini traggono il loro sostentamento. Le nostre forme di associazione umana possono essere moribonde, la nostra fede in esse scossa e lo spirito degli uomini in eclissi. Ma queste non sono cause ma conseguenze. Chi osa pretendere che sia al di fuori della legge e della costituzione di questo o di qualsiasi altro Paese riuscire ad alleggerire il lavoro della vita e permettere agli uomini di vivere meno come bestie? O chi osa affermare che sia al di fuori della legge creare e distruggere il denaro

Il sistema monetario non è obsoleto o senile. È un sistema nuovo, emergente e imperioso, che sconfigge il progresso tecnologico trasformandolo in canali di distruzione e che sfida l'autonomia non di una nazione, ma di tutte le nazioni, tanto che ora le autorità originarie costituite per la conservazione di quell'autonomia devono adularlo per poter governare. Ostacolato dalle frontiere nazionali, nulla potrà soddisfarlo finché il mondo intero non sarà reso sicuro per le banche, in modo che la sua insolvenza fondamentale possa sfidare l'esposizione. Con la scusa di un'unificazione dell'umanità, mira a una dittatura assoluta sotto la quale a nessuno sarà permesso di vivere se non con il suo favore e per l'avanzamento dei suoi capricci trascendenti.

La via britannica

Non scartiamo, come hanno fatto altri Paesi in preda a queste innovazioni antisociali, una crescita tipicamente autoctona, la libertà dell'individuo e della vita personale, né lasciamoci trascinare in parossismi di inutile disperazione da questo nuovo assolutismo. Vediamolo per quello che è, che trae il suo potere dal prestito di licenze di vita, le sue entrate dal tributo che tutti, senza eccezioni, devono pagargli, e la sua irresistibile influenza dalla conseguenza, che solo ora sta emergendo in un mondo ingannato, che, essendo i suoi prestiti fittizi, i suoi biglietti di pegno non potranno mai essere riscattati. Torniamo indietro dove altri non hanno osato muoversi, e spingiamo in avanti dove hanno dovuto tornare indietro. Non rendiamo gli uomini schiavi perché i pretendenti possano governare, ma riprendiamo i nostri poteri sovrani sul denaro perché gli uomini siano liberi. È una strada che i britannici hanno già percorso in passato.

Il costoso sistema di macchinari giuridici che manteniamo per evitare che queste cose accadano non è nato o cresciuto nella stima dell'opinione pubblica come strumento a pagamento del governo, ma perché in passato è stato il baluardo dei popoli contro il tradimento dei governi. Anche se la menzogna a pagamento è la via maestra per la promozione, la verifica della verità è ancora il fine della legge. Anche se gli araldi di un nuovo Armageddon stanno spiccando il volo, lasciamo che la verità sia messa alla prova - dentro o fuori la legge. Fingere di non sentire nulla, di non sapere nulla, gli organi dell'istruzione pubblica drogati, i forti in trappola e i saggi nella nebbia: anche questo è uno dei mali della scienza o la sua negazione?

La questione deve essere esaminata nei tribunali o nei comizi elettorali? È necessario avere una maggioranza per ripristinare una legge che non è stata revocata, per fermare la contraffazione perché ha accolto tutti? È necessario infrangere la legge per difenderla, o affidarsi a organizzazioni democratiche, sempre preordinate dagli stessi interessi che apparentemente contrastano? È possibile scendere a compromessi con una menzogna inventandone di nuove per coprire la prima? Riportiamo il nostro sistema monetario sullo scartamento stretto dell'onestà come primo passo per un balzo in avanti sullo scartamento largo del progresso. Avvelena l'aria stessa che gli uomini respirano, li fa marcire per la vita o ingrassare per la morte, e imputa la sua maledizione alla scienza.

Il vero antagonista

Il sistema monetario si basa in realtà proprio sull'errore di cui la civiltà occidentale deve la sua grandezza. Serve solo alla convenienza di una plutocrazia parassitaria e rampante che pratica una saggezza mondana esattamente opposta a quella che è il fondamento dell'epoca. Preferisce l'oscurità in tempi in cui tutti gli uomini cercano la luce, e sta seminando i semi dell'odio e della guerra in un mondo stanco di lotte. Sta avvelenando i pozzi della civiltà occidentale e la scienza deve abbandonare la conquista della Natura per affrontare un antagonista più sinistro, o perdere tutto ciò che ha conquistato.

ENVOI

Limpide come acque di cristallo sgorgano le sorgenti della Verità.
Così come limpida un tempo era la scienza che liberava
Il flusso di ricchezza ora arginato e in aumento
Per spazzare via l'età che rifugge la rinascita.

La sorgente vergine torna a sgorgare, un momento nato
Non sporcato da rapporti sessuali, un momento Dio
Per forgiare il battito del cuore dell'umanità
E portare la fede ad essere intera e sana.

BIBLIOGRAFIA

1. *Ricchezza virtuale e debito*. F. Soddy. (Allen and Unwin.) 1926. Nuova edizione con aggiunte, 1933.

Contiene le idee originali della Teoria dell'Energia della Ricchezza e della Teoria della Ricchezza Virtuale del Denaro, illustrate in *Cartesian Economics* (Hendersons), 1922, e in altri opuscoli.

2. *Il denaro contro l'uomo*. F. Soddy. (Elkin Mathews e Marrot.) 1931. Un resoconto sintetico dello stesso.

Tra i libri più in linea con i punti di vista sopra esposti si possono citare:

3. *La causa principale della disoccupazione*. Denis W. Maxwell.

(Williams e Norgate.) 1932. 75. 6J.

4. *Promessa di pagamento*, R. McNair Wilson. (Routledge and Sons.) 1934. Omnia Veritas Ltd, 2014.

(Entrambi si occupano in particolare del commercio internazionale, e il secondo pretende, a ragione, di rendere la questione comprensibile a chiunque abbia più di 16 anni).

Un altro libro recente, che tratta della situazione in vari paesi, è

5. *La disgregazione del denaro: Una spiegazione storica*. C. Hollis. (Sheed and Ward.) 1934.

Per un'esposizione moderata delle proposte del "Credito Sociale" del maggiore Douglas, contenente una bibliografia della letteratura, si veda:

6. *L'età dell'abbondanza*. C. Marshall Hattersley. (Sir Isaac Pitman and Sons.) 1929.

I seguenti sono il primo e l'ultimo libro di S. A. Reeve:

7. *Costo della concorrenza.* S. A. Reeve. (New York: McClure, Phillips and Co.) 1906. Tratta dello spreco di sforzi nel "Commercialismo" competitivo.

8. *Le leggi naturali della convulsione sociale.* S. A. Reeve. (New York: Dutton and Co.) 1933. Fornisce la teoria delle guerre e della rivoluzione adottata in questo libro.

Il Sistema e le proposte di Silvio Gesell si trovano in:

9. *L'ordine economico naturale.* Silvio Gesell, traduzione di P. Pye dalla [6a] edizione tedesca (Neo-Verlag, Berlin-Frahnau), 1929.

10. *Denaro libero.* J. Henry Büchi. (Search Publishing Co.) 1933. 5.

11. *Francobolli.* Irving Fisher. (Adelphi Co., New York.) 1933; descrive l'improvvisa diffusione del denaro di Gesell negli Stati Uniti e si propone come guida pratica per i comuni che desiderano adottare la nuova forma di moneta.

Per informazioni sulla Tecnocrazia:

12. *L'A.B.C. della tecnocrazia,* Frank Arkright. (Hamish Hamilton.) 1933. è. td.

13. *Che cos'è la tecnocrazia?* Allen Raymond. (McGraw Hill Book Co.) 1933. 65.

14. *Gli ingegneri e il sistema dei prezzi.* Thorstein Veblen. 1921. Ristampato da Viking Press, New York, 1934.

15. *L'economia dell'abbondanza.* Stewart Chase [Macmillan and Co., New York]. 1934.

Il libro ortodosso più franco sul denaro (dal punto di vista socialista) è:

16. *Quello che tutti vogliono sapere sul denaro.* G. D. H. Cole e altri otto. (Victor Gollancz, Ltd.) 1933. 5.

Un eccellente resoconto della storia iniziale delle "banche" e delle conseguenze dei tentativi del governo di regolamentarle:

17. *Giustizia industriale attraverso la riforma bancaria.* Henry Meulen. (R. J. James, Ltd.) 1917.

Due libri sull'attuale "Slump

18. *Perché la crisi?* Lord Melchett. (V. Gollancz, Ltd.) 1931.

19. *La verità sul crollo.* A. N. Field. P.O. Box 154, Nelson, Nuova Zelanda. 1932. (Stampato privatamente).

Si possono citare alcuni dei numerosi scritti di Arthur Kitson, il decano dei riformatori monetari britannici:

20. *Una soluzione scientifica della questione del denaro.* 1894.

21. *Un angolo d'oro.* (P. S. King and Son.) 1904.

22. *Uno standard fraudolento.* (P. S. King and Son.) 1917.

23. *La disoccupazione. La causa e il rimedio.* (Cecil Palmer.) 1921.

24. *La cospirazione dei banchieri che ha scatenato la crisi mondiale,* (Elliot Stock.) 1933.

Infine, un recente studio sulle dottrine della New Economics:

25. *L'idolatria moderna. Un'analisi dell'usura e della patologia del debito.* Jeffry Mark [Chatto and Windus]. 1934.

Altri titoli